Elizabeth Clare Prophet

Botschaften aus der Engelwelt – Erzengel Uriel

BOTSCHAFTEN AUS DER ENGELWELT

ERZENGEL
URIEL

ELIZABETH CLARE PROPHET

Aus dem Amerikanischen von Andrea Fischer

//////////////// SILBERSCHNUR ////////////////

'How Angels Help You to Effect Personal and Planetary Change
Vortrag aus der 'Angels Audio Library' von Elizabeth Clare Prophet.

Contact:
Summit University Press
63 Summit Way, Gardiner, Montana 59030
Tel.: 406-848-9500 – Fax: 406-848-9555
E-mail: info@summituniversitypress.com
Website: http://www.summituniversitypress.com

ISBN: 978-3-89845-227-4

1. Auflage 2008

Übersetzung: Andrea Fischer
Gestaltung & Satz: XPresentation, Boppard
Druck: Finidr, s.r.o. Cesky Tesin

Verlag "Die Silberschnur" GmbH · Steinstr. 1 · 56593 Güllesheim
www.silberschnur.de · Email: info@silberschnur.de

Inhaltsverzeichnis

Einführung

Dieses Büchlein ist Teil einer Serie von Vorträgen, die Elizabeth Clare Prophet unter dem Titel "How to work with the Seven Archangels - your Guides, Guardians and Friends" ("Arbeiten mit den sieben Erzengeln - unseren geistigen Führern, Schutzengeln und Freunden") verfasst hat.

In diesem Werk werden Sie mehr über Erzengel Uriel und darüber erfahren, wie Sie mit seinen Engeln arbeiten können, um persönliche und globale Veränderungen herbeizuführen.

Wie die Engel Ihnen dabei helfen können, persönliche und globale Veränderungen herbeizuführen

Bereits die ersten Aufzeichnungen der Menschheitsgeschichte belegen, dass die Menschen schon immer Besuch von Engeln erhalten haben – spirituelle Anführer ebenso wie ganz gewöhnliche Leute. In diesem Buch werden wir darlegen, wie Engel – in diesem Falle Erzengel Uriel – auch heute noch die Menschen besuchen. Ich selbst habe bereits viele Begegnungen mit ihm gehabt, und vielleicht geht es einigen unter Ihnen ebenso.

Die meisten Engelserfahrungen, die die Menschen machen, sind nicht visueller Art. Man spürt vielmehr meist, dass eine heilige Gegenwart in der Nähe ist oder einen umgibt. Manchmal kommunizieren die Engel mit uns auch während eines Gebets oder einer Meditation mit Gott über Gedanken, die wir für unsere eigenen halten. Andere wiederum hören vielleicht tatsächlich eine Stimme oder sehen einen Engel, wie es bei verschiedenen Erscheinungen von Mutter Maria in diesem Jahrhundert der Fall war. Die Engel können uns auch einen Besuch abstatten, weil sie uns führen möchten, oder ganz einfach, um uns in Zeiten großer Herausforderungen Trost zu spenden.

Gibt es die Engel wirklich?

In der Ausgabe vom 5. Januar 1986 erschien im Magazin "Parade" ein Bericht über eine Begegnung mit Engeln im Weltraum. Sechs sowjetische Kosmonauten sagten, sie hätten eine Schar leuchtender Engel mit Flügeln gesehen, die so groß waren wie Jumbo-Jets. Gemäß der "Weekly World News" gaben drei Kosmonauten an, dass sie die himmlischen Wesen erstmals im Juli 1985 am 155. Tag ihres Aufenthalts an Bord der Weltraumstation "Salyut Save 7" gesehen hätten. Sie sagten, sie hätten sieben riesige Gestalten gesehen, die Menschen ähnelten, Flügel und nebelartige Halos sowie runde Gesichter mit einem Cherubimlächeln hatten – ganz entsprechend den klassischen Engeldarstellungen. Zwölf Tage später sahen drei weitere sowjetische Wissenschaftler, darunter auch eine Kosmonautin, die Gestalten zurückkehren. "Sie lächelten", sagte diese, "als würden sie ein wunderbares Geheimnis hüten." [1]

Sie können also Engeln sogar begegnen, wenn Sie gerade irgendwo im Weltraum unterwegs sind.

Diese Geschichte zeigt, dass die Engel sich von politischen Systemen nicht beeindrucken lassen. Sie lieben jeden, überall, und sie sind bereit, ihre Botschaft jedem mitzuteilen, der offen für diese ist.

Wer ist Erzengel Uriel?

Erzengel Uriel und Aurora dienen auf dem sechsten Strahl – einem der sieben Lichtstrahlen, die Gottes Lichtspektrum des Universums bilden. Die Farben des sechsten Strahls sind purpurviolett (lila) und golden, mit rubinroten Flecken. Der sechste Strahl vermittelt das Prinzip der Bruderschaft, des Dienens sowohl Gott als auch den Menschen gegenüber, das Prinzip der göttlichen Gerechtigkeit und des Friedens Gottes. Dieser Strahl trägt auch die Energien der Wiederauferstehung in sich.

Uriels göttliche Ergänzung, sein weibliches Gegenstück, ist die Erzengelin Aurora. Wir können ihre Farbe im goldrosa glühenden Strahl der Morgenröte erkennen. Ihre Aufgaben entsprechen denen unseres Solarplexus', dem Sitz der Sehnsüchte und dem Sitz des absoluten Friedens. Dieses Chakra ist ein zehnblättriger Lotos, die Sanskrit-Bezeichnung lautet "Manipura-Chakra". Donnerstag ist der Tag, an dem Sie die Schwingungen von Frieden, dem Dienst an Gott und am Nächsten sowie Gerechtigkeit am stärksten spüren können. Der Rückzugsort von Uriel und Aurora in der himmlischen

Welt liegt ungefähr über dem Tatra-Gebirge im Süden von Krakau/Polen.

Historische Referenzen zu Uriel

Uriel bedeutet "Feuer Gottes", "Flamme Gottes" oder "Gott ist mein Licht". In der jüdischen Tradition wird Erzengel Uriel als derjenige bezeichnet, "der Israel das Licht bringt". Er ist als Engel des Donners und Erdbebens wie auch als Engel des Feuers oder der Hölle bekannt. Er gilt als Deuter von Prophezeiungen und wird oft mit einem Buch oder einer Papyrusrolle in der Hand abgebildet.

John Milton beschreibt Uriel in "Paradise Lost" als "Regenten der Sonne" und "das scharfsichtigste aller Geistwesen im Himmel". Einige Traditionen erkennen in Uriel den Engel, der Abraham aus Ur herausgeführt hat. Manche sehen in ihm den Engel, der mit Jakob gekämpft hat (andere behaupten, dies sei Erzengel Chamuel gewesen). Ihm wird auch nachgesagt, die Heerscharen des Sennacherib vernichtet zu haben.[2]

Uriel wird in der Bibel nicht erwähnt, doch er wird in anderen jüdischen und christlichen Texten mehrfach als Seraphim, Cherubim und Engel der göttlichen Gegenwart sowie Wächter über die Welt und den untersten Teil des Hades erwähnt. In einigen Werken setzt man ihn mit einem der Cherubim gleich, die Gott im Osten des Gartens Eden postierte.

Im Buch Enoch ist Uriel – gemeinsam mit Michael, Gabriel und Raphael – einer der Hauptengel. Er begleitet Enoch auf seinen Reisen durch den Himmel und die Unterwelt und warnt Noah vor der drohenden Sintflut. In einigen Traditionen heißt es, Uriel wurde gesandt, um Noah zu lehren, wie er die Sintflut überleben würde.

Im zweiten Buch der "sibyllinischen Orakel" ("Sibylline Oracles") wird Uriel als einer der Engel genannt, die die Seelen zum Jüngsten Gericht führen. Die "Sibyllinischen Orakel" sind Texte, die eingesetzt wurden, um jüdische und christliche Texte unter den Heiden zu verbreiten. Diese Werke enthalten Prophezeiungen von Leid und Unglück, die die Menschheit heimsuchen werden. Sie wurden von den Kirchenvätern Hunderte von Malen in ihren Schriften erwähnt. Im zweiten Buch der "Sibyllinischen Orakel" heißt es:

"Die unvergänglichen Engel des unsterblichen Gottes - Michael, Gabriel, Raphael und Uriel -

welchen alle Sünden bekannt sind, die irgendjemand jemals begangen hat, führen alle menschlichen Seelen aus der tiefsten Dunkelheit zum Jüngsten Gericht, zum Tribunal des großen unsterblichen Gottes ... Uriel, der großartige Engel, wird die gigantischen Schlösser der Tore des Hades aus hartem, unzerbrechlichem Stahl sprengen ... Er wird sie weit aufstoßen und alle düsteren Gestalten vor den Richter führen, insbesondere die Phantome aus alten Zeiten, die Titanen und Giganten und diejenigen, die die Sintflut dahinraffte. Ebenso diejenigen, die die Welle des Meeres in den Ozeanen getötet hat, sowie all diejenigen, die von wilden Tieren, Schlangen und Vögel verschlungen wurden. All diese wird er zum Tribunal einberufen." [3)]

Uriel spielt in den Apokryphen im vierten Buch Ezra eine Schlüsselrolle. Dieses Werk wird als eines der schönsten der jüdischen Literatur betrachtet. Es beeinflusste die frühchristliche Kirche und fand Umsetzung in der Liturgie. Es prägte im Mittelalter auch den Glauben über das Ende der Zeiten.

Im vierten Buch Ezra interpretiert Uriel die Visionen von Ezra und führt diesen in die Geheimnisse des Universums ein. Er beantwortet Ezras Fragen zum Jüngsten Gericht über den Menschen, die Anzeichen für das nahende Ende des Zeitalters und ob die Rechtschaffenen für die Gottlosen einstehen können oder nicht, sowie über das Schicksal der bösen Menschen.

In den gnostischen Schriften wird Uriel als "Suriel" bezeichnet und herrscht über eine der sieben kosmischen Sphären.

Wie die Engel systematisch aus unserem Leben ausgegrenzt wurden

Obgleich Erzengel Uriel in mehreren alten Texten erwähnt wird und den Juden und frühen Christen bekannt war, wird er in der Bibel nicht erwähnt. Die katholische Kirche hat die Verehrung von Engeln, die nicht explizit in der Bibel erwähnt sind, wiederholt verbannt, obgleich frühe Anführer der Kirche die Verehrung der Engel befürworteten und dazu aufriefen, zu diesen zu beten.

Doch im vierten Jahrhundert beschloss die Synode von Laodicea, dass die Verehrung von Engeln von der eigentlichen Verehrung Christi ablenkte. Die Synode hielt ihre Versammlung in einer Stadt ab, in der die Menschen die Engel für die Verteidiger des göttlichen Gesetzes hielten und diese angeblich "verehrten".

Die Synode untersagte es den Christen, Engel privat, außerhalb der Mauern der Kirche, zu verehren. Sie untersagten auch die Anrufung jeglicher Engel, die nicht explizit in der Heiligen Schrift erwähnt sind. Nur Erzengel Michael, Gabriel und Raphael werden in der katholischen Bibel genannt.

21

Ungeachtet des Verbots durch die Synode florierte die Verehrung der Engel nach wie vor. 745 n. Chr. untersagte die Kirche erneut die Verehrung und Benennung von Engeln, die nicht in der Heiligen Schrift erwähnt sind. Das zweite Konzil von Nizza im Jahre 787 nahm sich der weitverbreiteten Verehrung von Engeln an und verhängte Sanktionen für die Unsitte, Engel abzubilden und deren Abbildungen zu verehren.

Im 9. und 15. Jahrhundert verurteilten die Kirchenkonzile erneut die Benennung von Engeln, die nicht in der Heiligen Schrift erwähnt sind. Erst 1950 beschnitt der Papst die Verehrung der Engel erneut und bekräftigte nochmals, dass von den Katholiken nur Michael, Gabriel und Raphael angerufen werden dürfen. Trotz aller päpstlicher Bannbelegung ermutigt Erzengel Uriel uns, ihn bei seinem Namen zu rufen und den Dienst seiner Engelsscharen in Anspruch zu nehmen, um persönliche und globale Veränderungen herbeizuführen.

"In jeder Weltreligion wurden die Engel ausgeschaltet", sagte Uriel in einem Diktat. "Ihr wurdet daher von euren Fürsprechern in allen praktischen Angelegenheiten abgeschnitten. Es sind eure

Begleiter, eure Brüder, eure Schwestern, eure Diener. Wir sind in eurer Mitte. Wir wurden geschickt, um diese Arbeit zu leisten. Dies ist unsere Mission. Wir verstehen uns auf diese Arbeit! Wir sind trainiert! Wir sind Experten! Ruft uns einfach im Namen Gottes, ICH BIN DER ICH BIN, im Namen seines Sohnes Jesus Christus, an. Haltet daraufhin inne, und erlebt die Rettung durch euren Gott mit unserer Hilfe, denn wir kommen, um euch diese Rettung zu bringen. Haltet inne, und erlebt die Heilung aller Nationen!"

Bei einer anderen Gelegenheit sagte Uriel: "Wisset, ... dass die Erzengel euch *nur* in dem Maße helfen können, in dem ihr sie anruft. Wenn ihr uns ruft, sind wir umgehend bei euch. Wenn ihr uns nicht ruft, sind wir, auch wenn wir euch vor einem schlimmen Unheil bewahren könnten, per Gesetz des Kosmos' dazu verpflichtet, nicht einzuschreiten."

Die Engel respektieren Ihren freien Willen. Wenn Sie sich also nicht dazu entschließen, diese anzurufen, entscheiden Sie sich zu etwas anderem – Sie entscheiden sich dazu, Ihren freien Willen auszuüben und diese *nicht* anzurufen. Und die Engel Gottes werden dies respektieren.

Wie die Engel zwei Menschenleben retteten

Ich möchte Ihnen gern die Geschichte von einem jungen Mann erzählen, von Chris Merkel, dessen Leben gerettet wurde, als er Gott anrief, er möge ihm einen Engel schicken, um ihn zu retten. Diese Geschichte wurde in der Februarausgabe 1993 der Zeitschrift "Guideposts" veröffentlicht.

Als Kind glaubte Chris an Engel, da seine Mutter ihm erzählte, es gebe sie wirklich. Er sagte, er begann an deren Existenz zu zweifeln, als er ins Teenageralter kam - niemand, den er kannte, hatte jemals einen gesehen. Doch seine Mutter ließ sich davon nicht erschüttern. Sie bat Gott weiterhin darum, einen Engel dafür abzustellen, tagtäglich über ihren Sohn zu wachen.

Im Januar 1991 gab es für Chris einen Anlass, seine Zweifel an den Engeln erneut zu überdenken. Als er sich eines Tages für den Gang zur Arbeit bereit machte, hörte er, wie seine Mutter in der Küche ihre täglichen Gebete sprach und Gott bat, Chris bei seiner Arbeit zu beschützen. Dies amüsierte den skeptischen Chris.

Chris arbeitete an jenem Tag zusammen mit einem Kollegen in einem Graben, als ein Erdwall einstürzte und sie begrub. Er stellte fest, dass sich sein Gesicht in einer Luftkammer befand, doch der enorme Druck ließ jeden Atemzug zum Kampf werden. Er erkannte, dass er langsam zu Tode erstickt werden würde.

Als Chris langsam sein Bewusstsein verlor, rief er Gott an, er möge ihm einen rettenden Engel schicken. Bevor die Retter ihn ausgruben, so seine Worte, spürte er, wie er auf mysteriöse Weise emporgehoben wurde. Er entspannte sich und wurde ohnmächtig. Als er wieder zu Bewusstsein kam, waren sowohl er als auch sein Kollege am Leben, obgleich der Arzt nicht wusste, warum sie nicht tot waren. "Auf euch hat mit Sicherheit jemand aufgepasst, Jungs", sagte er.

Seitdem hat Chris die Bibel nach jeder Bemerkung über Engel durchgeforstet. Und ebenso wie seine Mutter spricht er heute ein tägliches Morgengebet, in dem er Gott darum bittet, einen Engel für jeden seiner Kollegen und jedes Teil ihrer Ausrüstung abzustellen. "Warum sollten wir das, was Gott uns anbietet, nicht nutzen?", sagt er.[4]

Ich bete dafür, dass Sie nicht erst eine Situation auf Leben und Tod abwarten, um die Lektion zu lernen, die Chris Merkel lernte. Ich glaube, das versuchen Uriel und all die Erzengel uns zu sagen: "Warum nicht nutzen, was Gott uns anbietet?" Und die Engel sagen uns Tag für Tag: "Wir sind hier, damit ihr uns jeden Tag nutzt." Das wollen wir nun auch tun. Wir wollen zu den Engeln beten. Wir wollen unseren Lieben und all den Menschen, mit welchen wir tagtäglich zu tun haben, Engel an ihre Seite stellen.

Wie Sie die Flamme der Auferstehung einsetzen können, um Ihr Leben zu verändern

Erzengel Uriel und Aurora tragen, wie bereits erwähnt, die Flamme der Auferstehung. Die Flamme der Auferstehung verbreitet einen perlmuttfarbenen Schein. Wenn Sie im Namen Jesu sagen: "ICH BIN die Auferstehung und das Leben", so bitten Sie um die Auferstehung. Sie können in Bezug auf jeden einzelnen Aspekt Ihres Lebens um die Auferstehung und das Leben bitten – für Ihre Dienste, Ihr Talent, Ihre Gesundheit, Ihre Zukunft, Ihren göttlichen Lebensplan – einfach all das, was Sie vorwärts bringen und bearbeiten möchten, bisher jedoch beiseite geschoben oder hinter sich gelassen hatten. Doch Sie müssen die Auferstehung in Aktion rufen, um diese in Ihrem Leben in den Vordergrund zu rücken und Ihnen zu helfen.

Um dies zu üben, versuchen Sie, neunmal "ICH BIN die Auferstehung und das Leben!" laut zu rezitieren, und achten Sie darauf, was dies bei Ihnen bewirkt.

Steigern Sie den
inneren und äußeren Frieden

Wenn wir unsere Emotionen beruhigen oder den Körper des Verlangens abkühlen möchten, sprechen wir folgendes Mantra neunmal:

"Im Namen Jesu Christi, Friede, sei still! Und wisse, ICH BIN Gott."

Um sich darin zu üben, Ihre Emotionen zu beruhigen, können Sie dieses Mantra rezitieren.

Sie sollten wissen, dass ICH BIN der Name Gottes ist. Wann immer Sie also sagen "ICH BIN ...", bestätigen Sie: "Gott in mir ist ..." und "Gott in mir manifestiert ...", was auch immer in dieser Zeile Ihres Gebets noch folgt. Ein Beispiel:

"Gott in mir ist die offene Tür, die kein Mensch zuschlagen kann," Gott in mir ist das Licht, das jeden erleuchtet, der in diese Welt kommt", "Gott in mir ist der Weg, die Wahrheit, das Leben, die Auferstehung, der Aufstieg ins Licht".

Um Uriel um direkte Hilfe zu bitten, um für Sie den inneren und äußeren Frieden zu vertiefen, können Sie folgende Anrufung rezitieren:

Anrufung:

"Oh Erzengel Uriel und Aurora, Lichtscharen des sechsten Strahls, tretet hervor in dieser Stunde, darum bitte ich euch. Scheidet den Weg des Lichts von dem der Dunkelheit. Lasst die Engel auf dem goldrosa glühenden Strahl vom Herzen der Zentralsonne herabsteigen.

Ich rufe die Engelsscharen um kosmische Verstärkung an, um den Frieden herbeizuführen. Frieden in meinem Herzen! Frieden in meinem Geist, in meinem Willen, in meinen Gliedern, in meinem Körper des Verlangens! Lasst den kosmischen Christusfrieden über mich herrschen. Lasst den Frieden Buddhas und aller Avatare über mich herrschen. Lasst den Frieden in meinem Herzen und auch in jedem anderen Herzen seinen Anfang nehmen und ihn zu der Macht werden, die die Kräfte des Krieges und des Chaos bezwingt.

Oh du Licht der Engel, der heiligen Engel Gottes. Erhört meinen Ruf in dieser Stunde und antwortet, um das Leben zu verteidigen und um rebellische Engel zu fesseln, die den Fortschritt unserer Seelen beeinträchtigen wollen und diese von den Banden mit dem Herrn losreißen möchten.

In eben diesem Augenblick, oh Erzengel Uriel, schicke ich Gott mein Gebet. Ich bitte dich darum, es sofort in die Tat umzusetzen, wie du es versprochen hast. Ich bitte um sofortige Ausführung der göttlichen Gerechtigkeit. Mögen mich die Engelsscharen des Herrn jetzt umringen, denn ich sehne mich danach, euer Helfer zu sein, oh Heerscharen des Lichts. Kommt und bildet mich so aus, dass ich mit euren Armeen mitziehen kann, um alle Kinder und alles Leben, das auf Erden leidet, zu verteidigen.

Ich erbitte dies im Namen Jesu Christi und akzeptiere, dass dies in voller Übereinstimmung mit dem Willen Gottes geschieht. Amen."

Uriels fünf Schlüssel, um Ihr Leben zu verändern

Erzengel Uriel schenkt Ihnen fünf Schlüssel, mit denen Sie Ihr Leben, Ihre Familie, Ihre Gemeinde und Ihren Planeten verändern können.

• **Erster Schlüssel:**
Rufen Sie die sieben Erzengel an, damit diese Ihre spirituellen Zentren – oder Chakren – mit dem Licht des universellen Christus anfüllen.

Erzengel Uriels erster Schlüssel besteht darin, die sieben Erzengel anzurufen, sie mögen Ihre spirituellen Zentren – oder Chakren – mit dem Licht des universellen Christus anfüllen.

Wenn wir den "Chakrenmenschen" auf Seite 33 betrachten, so sehen wir die sieben Hauptchakren des Körpers. Die Erzengel benutzen unsere sieben Chakren, um Licht in unseren vier niederen Körpern – dem physischen und mentalen Körper sowie dem Körper der Erinnerung und der Sehnsüchte – zu verankern.

Wie ich bereits erwähnt habe, verankern Erzengel Uriel und Aurora das Licht in Ihrem Solarplexus-Chakra. Wenn Sie das Bild betrachten, so visualisieren Sie einen Lichtfaden, der von Ihrer ICH BIN-Gegenwart zu Ihrem Körper herabreicht. Dieser Faden, der auch "Silberschnur" genannt wird, ist in Wirklichkeit ein Lichtstrom.

Ihre ICH BIN-Gegenwart, Ihr individualisierter Teil von Gott-Vater und Gott-Mutter, ernährt Sie über diese Silberschnur unablässig mit Licht.

Sie werden aber auch von Ihrem Wurzelchakra aus genährt. Die Energien dieses Basischakras sind als "Mutter Licht" bekannt (oder im Fernen Osten als die eng aufgerollte Energiespirale der Göttin Kundalini). Wenn Sie das Licht der Mutter von der Basis aufsteigen lassen und das Licht des Vaters von Ihrer ICH BIN-Gegenwart herabziehen, dann haben Sie in Ihren Chakren die Balance von Alpha (Vater) und Omega (Mutter) oder die des Plus und Minus des großen Tao herbeigeführt.

Manchmal missbrauchen wir unsere Chakren. Wenn wir die Energien, die Gott uns anvertraut hat, missbraucht haben, müssen wir die violette Flamme anrufen, damit sie jene negative Energie

Die sieben Hauptchakren

Darstellung Ihres göttlichen Selbst

wieder verwandelt, damit sie jenen Missbrauch des Lichts in jedem unserer Chakren bereinigt.

Ihre Chakren sind Sendestationen, die Gott und auch Sie selbst dazu benutzen, um Ihr Licht zu konzentrieren, um Energie zu speichern, um dort Energie in Form einer eng aufgerollten Energiespirale zur Verfügung zu haben – um Gottes Licht durch Ihre Dekrete in Problemsituationen in Ihrem Leben und in den gesamten Planeten hinauszusenden. Daher ist es sehr wichtig, das heilige Feuer und die Lebenskraft zu hüten.

Es gibt viele Möglichkeiten, diese Lebenskraft zu missbrauchen. Am häufigsten missbrauchen wir jedoch Gottes Licht durch den Einsatz so genannter "kriegerischer Energien", wie wir diese bezeichnen: Wut, Aggression, Arroganz, Streit, Anklagen, Aufregung, Ärger, Auslöschung – eine ganze Liste an Stimmungen, in die der Mensch gerät, die durchaus nicht harmlos sind.

Ja, sie sind gefährlich, denn diese Art von Energie stellt eher eine absolute Wut auf Gott als nur ein kleines Kavaliersdelikt dar. Wenn Sie in diese Art von Energie hineingehen, können Sie in kurzer Zeit viel Licht vergeuden.

Haben Sie schon einmal Menschen erlebt, die völlig von Wut und Bitterkeit gegen das Leben und Gott ergriffen sind und einander oder ihre Mitmenschen im Allgemeinen aufs Schärfste verurteilen? Sie sind wirklich zu bemitleiden, denn sie sind ihren eigenen Wutanfällen auf Gedeih und Verderb ausgeliefert, weil sie niemals bewusst innegehalten haben, um diese aufzulösen.

Diese Art von Wut kann Sie augenblicklich vom spirituellen Weg katapultieren. Ihre spirituellen Zentren – oder Chakren – sind heilig. Sie müssen diese Heiligkeit Gottes behüten und beschützen.

Sie können die folgende Anrufung an die sieben Erzengel und deren Licht rezitieren, um Ihre Chakren zu segnen. Dies ist der erste der fünf Schlüssel von Uriel.

Anrufung:
"Geliebte ICH BIN-Gegenwart, geliebte sieben Erzengel! Lasst nun in meine spirituellen Zentren das Licht des individuellen Christus einströmen. Reinigt sie von den Kräften des Antichristus, die ihre negativen Energien in mich eingepflanzt haben mögen.

Reinigt und befreit mich jetzt durch die Kraft des universellen Christus und durch die Kraft meiner ICH BIN-Gegenwart von dem Bösen, so dass ich wahrhaftig zum Kelch für den Herrn werde und einen heiligen Gral bilde."

Es ist an den Söhnen und Töchtern Gottes, die eins sind mit ihrer Christusgegenwart und mit der Gestalt in der Mitte der Darstellung (siehe S. 34), den Engeln Befehle zu erteilen, ihnen Anweisungen zu geben, zu ihnen zu beten und sie um all die Hilfe zu bitten, die wir brauchen. Wir können die Welt nicht retten. Wir können nur uns selbst retten. Doch wir können die Engel anrufen – sie sind eigens dazu ausgebildet, diese Aufgaben zu übernehmen.

Uriel sagt: "Die Heiligen, die im Verlauf der Menschheitsgeschichte täglich gebetet haben, haben uns mit offenem Herzen in Empfang genommen. Durch sie scheint das Licht in eine dunkle Welt. Und dennoch sage ich euch: Auch wenn ihr heute noch keine Heiligen seid, so könnt ihr es morgen sein. Der Prozess der Heiligwerdung, meine

Lieben, bei dem ihr den Willen Gottes mit offenen Armen entgegennehmt, beginnt damit, dass das Licht des universellen Christus in euer Wesen und in eure spirituellen Zentren strömt."

Erzengel Uriel erklärt, dass die Erzengel für uns nur einschreiten können, wenn wir uns dem Willen Gottes unterwerfen. "Wir sind Erzengel, die dem Willen Gottes dienen, und wir kommen, um den Söhnen und Töchtern Gottes zu dienen, die seinem Willen Gehorsam leisten, und zwar in kleinen und in großen Dingen!"

Sie werden Ihnen nicht helfen, etwas gegen Gottes Willen zu tun. In der Tat werden sie Ihnen vielleicht auch zu verstehen geben, dass einer Ihrer Pläne womöglich nicht im Einklang mit dem Willen Gottes ist, indem sie nicht mit jenem Plan kooperieren.

Wie ich bereits vorher erwähnt habe, begehen wir manchmal Fehler. Möglicherweise sind wir der Meinung, Gottes Willen auszuführen, und dennoch irren wir uns. Aus diesen gutgemeinten Fehlern lernen wir, und Gott bestraft uns nicht dafür.

Doch man muss die gute Eigenschaft der Mutter Jesu entwickeln, zuzuhören - nach der Stimme

Gottes im eigenen Inneren lauschen und regelmäßig jeden Tag einen festen Zeitraum der absoluten, ungestörten Stille einplanen, eine Zeit, in der man nur lauscht.

Es gibt zwei sehr wichtige Momente, um zu lauschen: 1. die ersten fünf bis zehn Minuten morgens nach dem Aufwachen und 2. während des Einschlafens.

Während dieser Zeiten befinden Sie sich zwischen den Oktaven der spirituellen und irdischen Wahrnehmung. Zu diesen beiden Zeitpunkten am Tag kommen Ihnen möglicherweise einige Ihrer wichtigsten Gedanken des Tages. Doch dies sind nur kurze Momente – nehmen Sie sich also zusätzlich Zeit, um nach Gott zu lauschen.

Uriel sagt: "Von Gottes Gesetz wegen dürfen wir in euer Leben nur eingreifen oder einschreiten, wenn ihr euren menschlichen Willen aufgebt und sprecht: 'Nicht mein Wille, sondern dein Wille geschehe. Oh Herr, tritt in mein Leben ein und hilf mir!'"

Um das richtige Gefühl dafür zu bekommen, wie man den menschlichen Willen aufgibt und sich dem Willen Gottes hingibt, versuchen Sie doch, "The Fourteenth Rosary: The Mystery of Surrender" (das "Vierzehnte Rosenkranzgebet, das Mysterium der Ergebung") zu sprechen. Dies ist eines der Rosenkranzgebete, das Mutter Maria mir vor vielen Jahren diktiert hat.

In unserer Ausgabe "The Science of the Spoken Word" (Die Wissenschaft des gesprochenen Wortes") wird alles zum Thema "Dekrete" erklärt. Es bietet Ihnen Gedankenmuster, Visualisierungen und Meditationen an. Außerdem enthält es neue Sonderregelungen und Sprüche zur violetten Flamme. Es ist ein ideales Handbuch für diejenigen, die gerade lernen, wie man die Dekrete einsetzt, um die Engel einzuladen, zu ihren Gunsten zu handeln. (Leider ist dieses Buch bislang nicht in der deutschen Übersetzung auf dem Markt, alles Wissenswerte über Dekrete erfahren Sie aber in dem Buch "Mantras des Westens" von E. C. Prophet, das ebenfalls im Silberschnur-Verlag erschienen ist.)

Uriels zweiter Schlüssel:
Setzt die violette Flamme täglich und
großzügig ein

Der erste Schlüssel bestand darin, das Licht Gottes in Ihren Chakren zu aktivieren, indem Sie die sieben Erzengel anrufen und diese darum bitten. Der zweite Schlüssel, den Erzengel Uriel Ihnen für persönliche und globale Veränderungen bietet, besteht darin, die violette Flamme täglich großzügig einzusetzen. Erzengel Uriel arbeitet mit der violetten Flamme fast so viel wie Lord Zadkiel, der Erzengel des siebten Strahles.

Die violette Flamme ist das Geschenk des Heiligen Geiste und kommt unter der Schirmherrschaft von Saint Germain zu uns. Saint Germain sagt, dass die violette Flamme eine "physische Flamme" und somit das Antidot für physische Probleme ist. "Die violette Flamme", so sagt er, "ist das stärkste Antidot bei Nahrungsmittelvergiftung, chemikalischen Ablagerungen, Vergiftungen oder Verunreinigungen durch Drogen im Körper."

Dies bedeutet nicht, dass Sie Medikamente, die Ihnen verordnet wurden, um Nahrungsmittelvergiftungen, chemikalische Ablagerungen, die Auswirkungen von Vergiftungen und Drogen zu behandeln, nicht verwenden sollten. Doch Sie setzen die violette Flamme begleitend zu dem Heilmittel ein, das für den jeweiligen Zustand angezeigt ist. Die violette Flamme kann nicht nur den Giftstoff ausleiten, sondern auch jegliche Nebenwirkungen, die das Medikament möglicherweise auslöst, beseitigen. Bedenken Sie also stets, dass die violette Flamme eine Begleitmaßnahme für solide wissenschaftliche Maßnahmen ist, jedoch keinen Ersatz für diese darstellen soll. Konsultieren Sie in jedem Falle Ihren Arzt, und nehmen Sie die Medikamente ein, die speziell bei Ihrer Problematik angezeigt sind.

Es ist gut, ein Handbuch der Anatomie zur Hand zu haben, um richtig visualisieren zu können, wie die violette Flamme jedes Organ Ihres Körpers umhüllt und durchdringt. Sie können die violette Flamme visualisieren und sich selbst in jenem Strahl und jener Flamme sehen, von welchen Sie völlig durchtränkt werden.

Je spezifischer Sie in Ihren Visualisierungen und Anrufungen sind, desto unverzüglicher folgen die Antwort und die Aktion. Dies ist besonders hilfreich, wenn Sie für sich selbst und andere im Falle eines Unfalls, einer Operation oder einer unheilbaren Krankheit beten. Versuchen Sie, die exakte Beschreibung des betreffenden Zustandes vom Arzt zu erhalten, so dass Sie genau wissen, an welche Stelle im Körper eines Kranken oder Verletzten Sie die violette Flamme hinlenken müssen. Bitten Sie Gott ausdrücklich, die violette Flamme in die Gegend zu lenken, in der sie gebraucht wird, und visualisieren Sie dann ganz intensiv, wie die violette Flamme diese durchdringt.

Das Buch "Science of the Spoken Word" (wörtlich übersetzt etwa "Wissenschaft des gesprochenen Wortes", das Buch liegt bislang leider nicht in der deutschen Übersetzung vor) bietet Gedankenmuster, die Sie benutzen können. Diese zeigen Ihnen auf, wie Sie die violette Flamme, die Flamme der Auferstehung und das Gedankenmuster der Heilung über verschiedenen Organen visualisieren können.

Die violette Flamme kann auch die Aufzeichnungen Ihres negativen Karmas bereinigen. Dazu gehören auch die Aufzeichnungen Ihrer eigenen Missetaten und die anderer. Um beispielsweise den

Frieden auf Erden zu sichern, so sagt Uriel, ist es wichtig, die Aufzeichnungen über Tod und Krieg auf den Schlachtfeldern unseres Planeten zu bereinigen. Uriel lehrt Sie, wie Sie die violette Flamme in die Ursache und den Kern Ihres Karmas lenken können.

Wir wollen nun die violette Flamme anrufen, um zu spüren, wie sich dies anfühlt, indem wir das Mantra "ICH BIN das Licht des Herzens" rezitieren.

I AM the Light of the Heart
by Saint Germain

I AM the Light of the Heart
Shining in the darkness of being
And changing all into the golden treasury
Of the Mind of Christ.

I AM projecting my Love
Out into the world
To erase all errors
And to break down all barriers.
I AM the power of infinite Love,

Amplifying itself
Until it is victorious,
World without end!

ICH BIN das Licht des Herzens von Saint Germain

ICH BIN das Licht des Herzens,
das in der Dunkelheit des Seins scheint
und alles in den goldenen Schatz
des Christusgeistes verwandelt.

ICH BIN die Projektion meiner Liebe
hinaus in die Welt,
um alle Fehler zu tilgen
und alle Hindernisse niederzureißen.

ICH BIN die Kraft der unendlichen Liebe,
die sich selbst verstärkt,
bis sie den Sieg davonträgt,
in einer Welt ohne Ende!

Dies ist Saint Germains Mantra, mit dem Sie die dreifaltige Flamme in sich ausdehnen können.[5]

Die erste Zeile lautet: "ICH BIN das Licht des Herzens". Das bedeutet: "Gott in mir ist das Licht meines Herzens."

Dieses Licht "scheint in der Dunkelheit des Seins". Dies bedeutet, es ist die einzige, ewig beständige, sich selbst nährende Flamme in der physikalischen Oktave. Dieses Licht des Herzens "verwandelt alles in den goldenen Schatz des Christusgeistes." Das drückt aus, dass unser eigener Geist die Fülle des Christusgeistes enthält. Sie haben alle Informationen, Fakten und Weisheiten durch den Christusgeist zu Ihrer Verfügung - jederzeit. Nun konzentrieren Sie die Liebe in Ihrem Herzen und sagen "ICH BIN die Projektion dieser Liebe hinaus in die Welt." Wir schicken von unseren Herzen aus Liebe als violetten Feuerstrahl, "um alle Fehler zu tilgen und alle Hindernisse niederzureißen", die zwischen den Menschen bestehen. Wir bestätigen, dass Gott in uns "die Kraft der unendlichen Liebe" ist, "die sich selbst verstärkt, bis sie den Sieg davonträgt, in einer Welt ohne Ende!"

Dieses kleine Mantra ist ein wahrer Schatz aus dem Herzen von Saint Germain. Wir hüten ihn, denn wir können, indem wir seine Existenz laut bejahen, die Gegenwart Gottes spüren, die als lebendige dreifaltige Flamme in uns wohnt.

Sprechen Sie dieses Mantra im vollen Bewusstsein, dass es tatsächlich Gott höchstpersönlich ist, der die Regie übernimmt und die mächtige Arbeit der Zeiten durch uns bewirkt. Erfahren Sie, wie Sie diesen Trost erhalten, wenn Sie dieses Gebet sprechen, und spüren Sie, wie Gott in Ihnen und durch Sie wirkt und Sie zum Sieg führt.

Sie sehen, wie die Kraft der unendlichen Liebe die Regie übernimmt, wenn Sie sie in ihr Herz einschließen. Sie verstärkt sich selbst und "trägt den Sieg davon, in einer Welt ohne Ende", denn Sie haben sich der Liebe hingegeben und die Wissenschaft vom gesprochenen Wort eingesetzt.

Gott in Ihnen bringt alle Dinge in Erfüllung, und Sie verschmelzen mit Gott. Sie sind die Manifestation Gottes höchstpersönlich auf Erden. Sie und Gott sind eins. Es gibt keine Trennung. Sie können dieses Mantra sprechen und die lebendige Gegenwart des Allmächtigen in Ihrem Herzen spüren. Sie bewegen nicht Gott, sondern Sie bewegen sich so, wie Gott selbst.

Nachdem Sie dies nun besser verstehen, versuchen Sie dieses Mantra nochmals dreimal zu wiederholen.

Hier folgt ein weiteres Dekret an Saint Germain, das Sie ausprobieren können. Es ist ein gutes Beispiel für die Wissenschaft des gesprochenen Wortes. Die beiden ersten Verse werden auch als "Präambel" bezeichnet. Mit dieser Präambel wenden Sie sich an die Lichtwesen, deren Gegenwart Sie anrufen, deren Unterstützung Sie suchen. Im zweiten Vers gestehen Sie sich zu, das Dekret zu sprechen, und Sie geben den Befehl, dass dieses Licht durch Ihr ganzes Bewusstsein, Ihr Wesen und Ihre Welt gelenkt werde. Dann sehen Sie sechs Verse. Auf jeden Vers folgt der Refrain. Am Ende steht der Schlussvers, das "Coda".

Dies wurde von Saint Germain diktiert. Dieses Mantra stammt direkt aus seinem Herzen.

O Saint Germain, Send Violet Flame

Beloved mighty victorious Presence of God,
I AM in me, thou immortal unfed flame of
Christ-love within my heart, Holy Christ
Selves of all mankind, beloved Ascended
Master Saint Germain, beloved Mother Mary
and beloved Jesus the Christ, the beloved
Maha Chohan, Archangel Zadkiel, Prince
Oromasis, all great beings, powers, and ac-
tivities of Light serving the violet transmut-
ing flame, beloved Lanello, the entire Spirit
of the Great White Brotherhood and the
World Mother, elemental life-fire, air, wa-
ter, and earth!

In the name and by the power of the Presence of God which I AM and by the mag-
netic power of the sacred fire vested in me,
I invoke the mighty presence and power of
your full-gathered momentum of service to
the Light of God that never fails, and I com-
mand that it be directed throughout my entire consciousness, being, and world, through
my affairs, the activities of The Summit

Lighthouse, and all Ascended Master activities, worlds without end.
In thy name, O God, I decree:

1. O Saint Germain, send Violet Flame,
   Sweep it through my very core;
   Bless'd Zadkiel, Oromasis,
   Expand and intensify more and more.

Refrain:
Right now blaze through and saturate,
Right now expand and penetrate;
Right now set free, God's mind to be,
Right now and for Eternity.

2. I AM in the Flame and there I stand,
   I AM in the center of God's hand;
   I AM filled and thrilled by violet hue,
   I AM wholly flooded through and through.

3. I AM God's Flame within my soul,
   I AM God's flashing beacon goal;
   I AM, I AM the sacred fire,
   I feel the flow of Joy inspire.

Die violette Flamme

4. The Consciousness of God in me
   Does raise me to the Christ I see.
   Descending now in Violet Flame,
   I see Him come fore'er to reign.

5. O Jesus, send thy Violet Flame,
   Sanctify my very core;
   Blessed Mary, in God's name,
   Expand and intensify more and more.

6. O Mighty I AM, send Violet Flame,
   Purify my very core;
   Maha Chohan, Thou Holy One,
   Expand, expand God's lovely sun.

Coda:
He takes me by the hand to say,
I love thy soul each blessed day;
O rise with me into the air
Where blossoms freedom from all care;
As Violet Flame keeps blazing through,
I know that I'll ascend with you.

Oh Saint Germain,
schicke die violette Flamme

Geliebte, mächtige, siegreiche ICH BIN-Gegenwart in mir, du unsterbliche, sich selbst nährende Flamme der Christusliebe in meinem Herzen, heiliges Christusselbst in jedem Menschen, geliebter Aufgestiegener Meister Saint Germain, geliebte Mutter Maria und geliebter Jesus, der Christus, geliebter Maha Chohan, Erzengel Zadkiel, Prinz Oromasis, alle großen Lichtwesen, Lichtmächte und Lichtaktivitäten, die der violetten, verwandelnden Flamme dienen, geliebter Lanello, der gesamte Geist der Großen Weißen Bruderschaft und der Weltenmutter, geliebte Elementarwesen – Feuer, Luft, Wasser und Erde!

Im Namen und bei der Macht der Gegenwart Gottes, die ICH BIN, und bei der magnetischen Kraft des heiligen Feuers, das ich in mir hüte, rufe ich die mächtige Gegenwart und Kraft deines geballten Momentums des Dienstes am Licht an, das niemals versagt, und befehlige, dass es über mein gesamtes Bewusstsein, Wesen und meine Welt, meine Angelegenheiten und die Aktivitäten des "Summit Lighthouse" sowie alle Aktivitäten der Aufgestiegenen Meister in einer Welt ohne Ende geschickt werde.

In deinem Namen, oh Gott, spreche ich folgendes Dekret:

1. Oh Saint Germain, schicke die violette Flamme,
   lass' sie mitten durch meinen Kern fegen;
   gesegneter Zadkiel, Oromasis,
   vergrößert und verstärkt sie mehr und mehr.

Refrain:
Eben jetzt strahle durch mich hindurch und durchtränke mich,
eben jetzt wachse und durchdringe alles;
eben jetzt befreie alles, dass es jetzt und für immer eins ist mit dem Geist Gottes.

2. ICH BIN in der Flamme, und da stehe ich,
   ICH BIN inmitten von Gottes Hand;

ICH BIN von der violetten Farbe erfüllt
und durchdrungen,
ICH BIN voll und ganz, durch und durch
von ihr überflutet.

3. ICH BIN Gottes Flamme in meiner Seele,
   ICH BIN das Ziel des blinkenden Leucht-
   feuers Gottes;
   ICH BIN, ICH BIN das heilige Feuer,
   ich spüre, wie der Fluss der Freude mich
   inspiriert.

4. Das Bewusstsein Gottes in mir erhebt
   mich auf die Ebene Christi, den ich sehe.
   Ihn, der gerade über die violette Flamme
   herabsteigt,
   sehe ich kommen, um für immer zu
   regieren.

5. Oh Jesus, schicke deine violette Flamme,
   heilige meinen innersten Kern.
   Gesegnete Maria, in Gottes Namen,
   dehne sie aus und verstärke sie mehr und
   mehr.

6. Oh mächtige ICH BIN-Gegenwart, schicke
die violette Flamme,
reinige meinen innersten Kern;
Maha Chohan, du Heiliger,
vergrößere, vergrößere Gottes liebliche
Sonne.

Coda:
Er nimmt mich bei der Hand, um mir zu
sagen:
Ich liebe deine Seele an jedem gesegneten
Tag.
Oh, steige mit mir auf in die Lüfte,
wo absolute Sorgenfreiheit blüht.
Während die violette Flamme beständig
durch mich hindurchströmt,
weiß ich, dass ich mit dir aufsteigen werde.

Uriels dritter Schlüssel:
Verstärkt die Flamme des Friedens in eurer Aura

Der dritte Schlüssel, den Uriel Ihnen bietet, um Ihr Leben zu verändern, besteht darin, die Flamme des Friedens zu verstärken. Der Frieden wird das Feuer des Krieges und der Wut auslöschen. Er sagt, dass er, wenn Sie in Ihrem Leben und in Ihrem Heim den Frieden bewahren möchten, Sie lehren wird, wie Sie die Kraft des Friedens einsetzen können, um gegen die Kräfte des Antifriedens zu Felde zu ziehen, die sowohl in Ihrem Innern als auch im Außen lauern.

Was ist "die Kraft des Antifriedens"? Dazu gehören u.a. Gemütszustände wie etwa Wut und erregte Emotionen, streitsüchtiges oder anklagendes Verhalten, Gefühle von Verdruss oder Ärger, jegliche Form von physischem oder psychischem, aggressiv-zwanghaftem Verhalten sowie alles von Apathie bis hin zu einer Neigung zur totalen Selbstzerstörung.

Zusammenfassend gesagt umfasst "Antifrieden" alle Zustände, in welchen man die Balance verliert.

In dem unausgeglichenen Zustand, der dadurch entsteht, verliert man sein Gleichgewicht und lässt alles oben Erwähnte in der eigenen Person zum Ausdruck kommen.

In all solchen Situationen rät Uriel: "Kehrt zu Gottes Harmonie zurück, so schnell ihr könnt." Wenn Sie das Dekret "Zähle bis neun" einsetzen und sich sehnlicher wünschen in Harmonie zu sein, als in einem Streit Recht zu bekommen, so können Sie den Frieden rasch wiederherstellen.

Ein Streit erlangt die Kontrolle über uns, und unser unausgeglichener Zustand erringt noch mehr Kontrolle über uns, so dass wir nicht mehr lockerlassen.

Sobald Sie das Gefühl haben, in eine Diskussion zu geraten, die außer Kontrolle gerät oder bereits geraten ist, entschuldigen Sie sich auf eine ruhige Weise. Gehen Sie nach draußen, und atmen Sie ein wenig Frischluft ein. Vielleicht machen Sie einen Rundgang um den Häuserblock und rezitieren dabei das folgende Dekret. Dabei handelt es sich um eine Anrufung an die sieben Erzengel und Ihre ICH BIN-Gegenwart:

Count-to-Nine Decree

Come now by Love divine,
Guard thou this soul of mine,
Make now my world all thine,
God's Light around me shine.

I count one,
It is done.
O feeling world, be still!
Two and three,
I AM free,
Peace, it is God's Will.

I count four,
I do adore
My Presence all divine.
Five and six,
O God, affix
My gaze on Thee sublime!

I count seven,
Come, O Heaven,
My energies take hold!

Eight and nine,
Completely thine,
My mental world enfold!

The white-fire Light now encircles me,
All riptides are rejected!
With God's own might around me bright
I AM by Love protected!

Dekret "Zähle bis neun"

Komme nun durch göttliche Liebe,
bewache diese meine Seele,
mache nun all meine Welt zu der deinen,
Gottes Licht möge um mich herum scheinen.

Ich zähle 'Eins',
es ist vollbracht.
Oh Gefühlswelt, sei still!
'Zwei' und 'Drei',
ICH BIN frei,
Frieden - es ist Gottes Wille.

Ich zähle 'Vier'.
Ich verehr'
meine durch und durch göttliche Gegenwart.
'Fünf' und 'Sechs',
oh Gott, fixiere
meinen Blick auf dich in deiner Vollendung!

Ich zähle 'Sieben',
komme, oh Himmel,
nimm' meine Energien unter Kontrolle!
'Acht' und 'Neun',
ganz und gar dein,
entfalte meine geistige Welt!

Das Licht des weißen Feuers umkreist mich
nun, alle Unterströmungen werden zurück-
gewiesen!
Mit Gottes eigener Macht, die um mich
herum alles erhellt,
von Liebe beschützt ICH BIN!

Dieses kleine Dekret kann Sie davor bewahren, ernsthaftes negatives Karma anzuhäufen. Lernen Sie, sich in einer Situation, die Sie in Wallung bringt und bei der Sie schon vorausahnen, dass diese Ihnen derart aus dem Ruder laufen wird, dass Sie sich oder die betreffende Situation nicht mehr unter Kontrolle haben werden, einfach höflich zu entschuldigen. Lernen Sie dieses Dekret auswendig und gewöhnen Sie es sich an, tief durchzuatmen, eine Runde spazieren zu gehen, irgendeine Perspektive zu finden und schließlich an den Punkt zu gelangen, an dem Sie schlichtweg sagen können: "Es ist es einfach nicht wert, dass ich mein seelisches Gleichgewicht und mein Licht um eines Streites willen verliere."

"Kehrt zur Harmonie Gottes zurück, in der Tonlage eurer Stimme, in den Gedanken eures Geistes, in den Gefühlen, die ihr aussendet", sagt Uriel. "Der Zustand der Harmonie Gottes besteht dann, wenn ihr die absolute Kontrolle Gottes über die Energien habt, die euch durchströmen. Erhebt euch auf die Ebene eures Christusselbst und erlaubt es den verschiedenen Teilen in euch nicht mehr länger, euch in alle vier Himmelsrichtungen zu zerren wie verwöhnte Kinder. Ihr müsst die Macht Gottes in der inneren Stille eures Herzens entdecken. Sucht sie, und ihr werdet sie finden."

Uriels vierter Schlüssel:
Ruft Gottes Gericht und Auferstehung an

Der vierte Schlüssel, den Erzengel Uriel Ihnen schenkt, um persönliche und globale Veränderungen herbeizuführen, besteht aus zwei Schritten: Rufen Sie die Macht des Richterspruchs des Herrn und die Macht der Auferstehung des Herrn an.

Uriel ist der Erzengel, der die Urteilssprüche des Herrn Christus übermittelt. Erzengel Uriel hat durch mich und Mark Prophet viele Diktate geliefert, um über schlimme Zustände in unserer Gesellschaft zu richten. Sie können ihn anrufen und ihn bitten, die Kräfte der Ungerechtigkeit zu binden.

Erzengel Uriel sagt, dass er ein Engel ist, der absolut alles tun wird, um was wir ihn bitten, solange es mit dem Willen Gottes im Einklang ist. "Ich bin derjenige, der Tag und Nacht zuhört", sagt er. "Manchmal muss ich mich an einen Ort zurückziehen, an dem ich darauf warte, dass mich jemand darum bittet, die schrecklichen Ungerechtigkeiten auf diesem Planeten zu binden."

Wir nehmen diese die ganze Zeit über wahr – doch wie viele von uns rufen die Engel jedes Mal an, wenn wir eine Ungerechtigkeit feststellen, und bitten sie einzugreifen? An unseren Gerichtshöfen gibt es oft keine Gerechtigkeit – im Himmel hingegen herrscht immer Gerechtigkeit.

"Ich sage euch, es gibt ein höheres Gericht, vor dem alle Angelegenheiten rasch und endgültig beurteilt werden und das Karma sich herabsenkt", sagt Uriel. "Seid daher von jeglichem Sinn für Ungerechtigkeit über irgendetwas in eurem Innern oder im Außen bzw. in eurem Land oder in dieser Welt geheilt! Ruft einfach die Herren des Karmas an und vergesst nicht: Uriel wartet darauf, zur Aktion aufgerufen zu werden!"

Uriel erklärt, dass diejenigen, denen Gott sein Urteil über die Erzengel zumisst, die der Gelegenheit erhalten, auf ihrem Weg kehrtzumachen und den lebendigen Gott zu verehren. Der Urteilsspruch über eine Einzelperson ist nicht das Ende dieser Person. Das Urteil betrifft bestimmte Handlungen, wobei das vermeintliche Leid einer Person dazu dient, ihr eine Lernerfahrung zu ermöglichen.

Wenn Sie Uriel um göttliche Gerechtigkeit und ein göttliches Urteil anrufen, so mögen Sie vielleicht keine sofortige Antwort auf Ihre Anrufung erhalten. Doch Sie können sicher sein, dass der Prozess begonnen hat und mit oder ohne Ihr Wissen vollzogen werden wird.

Nur weil wir wissen, wie man Dekrete spricht, bedeutet dies noch längst nicht, dass wir Tyrannen werden können, die über Gott herrschen und fordern, dass er das tut, was wir gerne möchten. Das wäre eine falsche Schlussfolgerung.

Der Wandel beginnt tief in der Psyche des Menschen und der Gesellschaft, wenn diese Gerechtigkeit freigesetzt wird. Gott beginnt also aus der tiefsten Mitte heraus, auf Ebenen, welchen wir uns womöglich gar nicht bewusst sind, die Verflechtungen einer Ungerechtigkeit aufzulösen. Daher erkennen wir diese Auflösung erst dann, wenn sie sich auf konkreten Ebenen des bewussten Geistes und des Körpers manifestiert. Doch wenn Sie in einer bestimmten Situation die Erzengel um göttliche Gerechtigkeit anrufen, so legen Sie die Angelegenheit in die Hände von Experten.

Sicher waren Sie auf dem Schulgelände oder im Kongress schon einmal Zeuge einer Ungerechtigkeit, doch Sie kennen nicht immer die Lösung. Für diejenigen unter uns, die nicht all die vielen, vielen Fakten kennen, die Politiker in Betracht ziehen müssen, bevor sie Entscheidungen über die Wirtschaftslage und andere Angelegenheiten im Kongress treffen, ist es sehr schwierig. Es ist daher also für Sie der sicherste Weg, eine offensichtliche Ungerechtigkeit Gott und seinen Engelsboten zu überlassen.

Wenn Sie die Gerechtigkeit selbst in die Hand nehmen, geraten Sie fast immer in Schwierigkeiten, und damit meine ich Schwierigkeiten mit dem höchsten Gesetz – mit dem Gesetz der Resonanz. Provozieren Sie kein eigenes Leiden, indem Sie versuchen, Gott zu spielen.

Der Herr sagt, und so steht es in der Bibel geschrieben: "'Die Rache ist mein; ich will vergelten, spricht der Herr.' So nun dein Feind hungert, so speise ihn; dürstet ihn, so tränke ihn. (...) Lass' dich nicht das Böse überwinden, sondern überwinde das Böse mit Gutem." [6]

Wie viele von Ihnen können sich an eine Ungerechtigkeit erinnern, die Ihnen irgendwann einmal im Leben widerfahren ist? Sind Sie davon erlöst? Sind Sie auf allen Ebenen Ihres Seins, auch auf den unbewussten Ebenen, davon befreit? Gibt es noch irgendeinen Winkel, in dem Sie Schmerz empfinden, wenn Sie an jene Situation denken?

Ich werde nun gleich eine Anrufung sprechen, um die Herren des Karmas und Erzengel Uriel über all die Ungerechtigkeiten, die Ihnen und allen Lichtträgern auf Erden jemals widerfahren sind, urteilen zu lassen. (Siehe Anrufung auf Seite 73 ff.) Übergeben Sie Gott und seinem mächtigen Engel jedes Gefühl von Ungerechtigkeit, das Sie in sich tragen. Spüren Sie, wie Sie es loslassen, wie Sie die Spannung loslassen, die Sie vielleicht schon in Ihren Organen mit sich herumgetragen haben. Vielleicht haben Sie von einem bestimmten Gefühl der Ungerechtigkeit – irgendwann, irgendwo – Geschwüre bekommen. Vielleicht ist Ihr Herz schwer, vielleicht tragen Sie eine Last auf Ihren Lungen.

Doch was auch immer es ist – erklären Sie heute zu dem Tag, an dem Sie wirklich loslassen. Erkennen Sie, dass wir in diesem Sinne des Wortes nicht Gott sind, dass wir nicht Gott spielen und die Vergeltung nicht in die eigenen Hände nehmen werden. Vertrauen Sie dies Gott und seinen Lichtheeren höchstpersönlich an, in dem Wissen, dass Sie fair und gerecht behandelt werden, ganz gleich, welches Ihr Karma auch gewesen sein mag, was auch immer der Grund gewesen sein mag, weshalb Sie dies erfahren haben – als Lektion, als Lehre oder einfach, um die gleiche Art von Energie zu erfahren, die Sie selbst möglicherweise zu einem anderen Zeitpunkt oder in einem anderen Zeitalter ausgesandt hatten.

Das Gesetz der Vergebung und der Gnade

Indem Sie das Gefühl der Ungerechtigkeit loslassen, können Sie ein wunderbares Gefühl der Freiheit erfahren. Doch ich möchte Ihnen ein Geheimnis verraten: Es erfordert auch Vergebung. Zu vergeben fällt uns manchmal schwer, wenn wir sehen, welch üble Dinge manche Menschen tun. Doch der Schlüssel, den Gott mir über die Vergebung geschenkt hat, ist folgender: Wir bitten darum, dass der Teil der Person im Himmel gebunden sein möge, der diese Ungerechtigkeit in die Welt gesetzt hat. Dann beten wir für die Seele, die Opfer dieses "Nicht-Selbst" geworden ist.

Das "Nicht-Selbst" der betreffenden Person, das "Anti-Selbst", bezeichnen wir als den "Hüter der Schwelle". Manche nennen es "die dunkle Seite", die die Menschen dazu verleitet, Dinge zu tun, die nicht gut sind.

Daher bitten wir im Gebet um Gnade für die Seele und darum, dass all die Elemente dieser Person gebunden werden mögen, die noch nicht der Kontrolle des Christusselbst (des wahren Selbst) unterliegen und daher das Potenzial haben, Böses zu begehen.

Dies ist die Zweiteilung der Vergebung. Manche Dinge kann man nicht vergeben. Man kann den Holocaust nicht noch vergeben. Man kann einen Mord nicht vergeben. Man kann die sexuelle Belästigung von Kindern oder Vergewaltigung nicht vergeben. Solche Dinge verletzen so, dass es zutiefst in der Seele brennt. Doch wir können im Gebet um Vergebung für die Seele bitten, die das Instrument dafür war, selbst wenn wir zugleich um den endgültigen Urteilsspruch über die Elemente des Selbst – d.h. des Nicht-Selbst – bitten, die die Antithese zum wahren Selbst bilden.

Vergebung ist etwas, woran wir arbeiten müssen. Aus diesem Grunde bitte ich Sie dringend, regelmäßig die zehn Gelübde von Kuan Yin zu rezitieren.

Kuan Yin ist die Göttin der Gnade des Ostens. Sie ist eine ganz wahrhaftige Aufgestiegene Meisterin, ein Bodhisattva auf einer sehr hohen Ebene. Kuan Yin hat mir beigebracht, dass wir Vergebung nicht tun, sondern dass wir dazu werden.

Wir haben einen ganzen Rosenkranz für Kuan Yin – Lieder, die mit Mantren an sie und Mutter Maria kombiniert sind. Wenn Sie intensiv auf die Flamme der Gnade meditieren und die Mantren für Kuan Yin inbrünstig und liebevoll rezitieren, können Sie spüren, welcher Prozess dabei abläuft. Dieser Prozess, den Sie spüren, ist die Gegenwart von Kuan Yin in der ganzen göttlichen Majestät ihrer Gnade, die auf Sie herabkommt, und Sie beginnen, ihren Bewusstseinszustand, ihren Zustand der Gnade in sich aufzunehmen.

Die Art und Weise, wirklich imstande zu sein zu vergeben, besteht darin, das Ziel in Ihrem Leben festzusetzen, um Gnade zu werden, um die

Verkörperung von Kuan Yin selbst zu werden. Dann werden Sie merken, dass Gnade ist, wie Gnade tut. Sie sind dann Gnade in Aktion. Sie müssen nicht sagen: "Ich vergebe dir", so als hätten Sie eine großherzige Heldentat begangen, wo es sich eigentlich nur um Ihre Berufung und Pflicht handelt. Stattdessen können Sie Gnade *in Aktion* sein, so dass Sie stets jene gnadenvolle Haltung, jene gnadenvolle Schwingung ausstrahlen. Und wenn man Ihnen Unrecht tut, können Sie spüren, wie Sie durch die Flamme der Gnade geheilt werden.

Wenn Sie von einer Ungerechtigkeit, einem Schmerz, einer Verletzung geheilt sind – wollen Sie dann, dass jemand anders auf ewig weiterleidet, weil er Ihnen Unrecht getan hat? Dies wäre hartherzig. Kuan Yin wird uns unsere spirituelle Hartherzigkeit nehmen, und Sie werden sich von dieser auch selbst befreien, indem Sie Ihren Speiseplan ändern. Wenn Sie von dem schweren, fetten Essen loskommen – dem roten Fleisch, dem Fett, den Milchprodukten – wird Ihr Herzmuskel im wahrsten Sinne des Wortes weich, und Sie verabschieden sich von verstopften Arterien und Cholesterin.

Bei diesem Thema verweise ich immer am liebsten darauf zu achten, jeden Tag Rettich zu essen. Gekochter und roher Rettich wird Sie für viele weitere Jahre des Dienstes am Leben erhalten. Gekochter Rettich dringt tief in Ihre Organe ein und entfernt Fett, das dort schon viele Jahre festsitzt. Der rohe Rettich zerlegt die oberflächlichen Fette, die Sie gestern oder letzte Woche gegessen haben.[7]

Halten Sie Ihren Körper rein und geschmeidig, und Sie werden merken, dass er sogar wieder Babyhaut bekommt, wenn Sie diese Stoffe weglassen. Wenn das Herz weich und der Körper gelenkig ist, werden Sie feststellen, dass Sie Ihre spirituelle Hartherzigkeit spielend leicht ablegen können. Es ist wundervoll, eines Morgens zu erwachen und sich selbst zuzuhören, wie man auf inneren Ebenen seinen schlimmsten Feinden vergibt.

Dies ist also ein Ritual, das Sie nicht vergessen sollten, denn Gnade und Vergebung sind der erste Schritt auf dem Weg. Damit Sie auf dem Pfad willkommen geheißen werden, muss Ihnen vergeben werden und Sie müssen Vergebung und Buße suchen. Sie müssen aber auch imstande sein, anderen zu vergeben. Ohne Vergebung ist absolut kein spiritueller Weg möglich. Sie ist der allererste Schritt, den Buddha lehrte, der allererste Schritt, den Christus lehrte.

Denken Sie jetzt an alle Menschen, welchen Sie vergeben können, an jeden, dessen Ungerechtigkeiten Sie Gott zu Füßen legen können, und spüren Sie, wie frei Sie sich damit fühlen. Um diesen Prozess zu unterstützen, können Sie folgende Anrufung rezitieren:

Anrufung:

"Oh geliebte Erzengel Uriel und Aurora, ich bin so dankbar, dass ihr in dieser Stunde bei mir seid und ich die Gelegenheit habe, mit anderen inkarnierten Seelen des Lichts zu sprechen, von welchen manche sogar Engel sind.

Ich möchte mich nun zurückerinnern bis zu dem Augenblick, als ich die göttliche Bewusstheit in der großen Zentralsonne verließ. Helft mir, Uriel und Aurora, dort die Aufzeichnungen meines ersten Aktes der Ungerechtigkeit zu finden, als ich das Haus des Herrn verließ und mich vom Willen Gottes entfernte und in diese dichteren Ebenen des Bewusstseins hinab begab. Ich bitte euch, geliebte Erzengel Uriel und Aurora sowie die Heerscharen des sechsten Strahls, mit mir meine Fußspuren zu verfolgen, die mich den ganzen langen Weg bis in dieses ferne Land geführt haben, von wo aus ich zur Zentralsonne des Seins zurückkehren möchte.

Ich rufe speziell das allsehende Auge Gottes an, es möge seinen Blick auf jeden einzelnen Akt der Ungerechtigkeit richten, die ich jemals gegen irgendeinen Teil des Lebens verübt habe. Nun bitte ich das allsehende Auge Gottes, es möge sich auf alle Ungerechtigkeiten richten, die jemals gegen mich verübt wurden. Ich bitte jetzt um eure Gegenwart über mir und übergebe diese Angelegenheiten an euch, an das Gericht des heiligen Feuers, an die Herren des Karmas.

Ich rufe außerdem das Herz der geliebten Kuan Yin an. Ich bitte sie darum, sie möge mir ein gnädiges Herz verleihen, so dass ich mir selbst wie auch anderen gegenüber Gnade walten lassen kann, so dass ich die Tiefen der Vergebung in meinem Wesen spüren kann, so dass ich gegen niemanden mehr irgendeinen Groll oder eine Notwendigkeit der Rache hege. Denn ich weiß, dass Gott, der allmächtige Herr, mein Rächer ist. Daher werde ich es nicht selbst in die Hand nehmen, göttliche Gerechtigkeit auszuüben. Mit deinen guten Händen, oh Uriel, bitte ich, bei denjenigen den Schaden wieder gutzumachen, welchen ich Unrecht getan habe, indem ich nun aus meinem Kausalkörper ein wertvolles Geschenk entnehme, das ich denjenigen überreichen kann, bei welchen ich eine karmische Schuld zu begleichen habe.

Ich bitte um das Gedankenmuster der Heilung. Ich bitte darum, dass das heilige Feuer in mir die Aufzeichnungen von Schmerz und Verletzung im Herzen, in jedem Chakra und in jedem Organ verzehren möge, in das ich Verzweiflung, Depression und die Wunden der Vergangenheit sich einnisten ließ.

Ich bitte darum, dass die violette Flamme nun durch mich hindurchfegen möge, um jegliches Gefühl der Ungerechtigkeit zu verwandeln. Ich bitte den Herrn um seinen kosmischen Urteilsspruch. Ich bitte ihn darum, den "Hüter der Schwelle" des Nicht-Selbst, das Anti-Selbst jedes Einzelnen, auch von mir selbst, das möglicherweise solche unfreundlichen und unehrenhaften Missetaten weiterhin ausüben würde, zu fesseln.

Oh Gott, ich bin dankbar, dass ich durch jeden Sohn und jede Tochter Gottes, die für mich eintreten, sowie auch durch die Fürsprache der heiligen Engel Gnade erlangen kann. Daher nehme ich zu dieser Stunde in tiefster Dankbarkeit das göttliche Urteil entgegen. Ich befehlige mein Wesen in die Hand Gottes. Ich lasse alles los und überlasse es Gott, sich um all diese Dinge zu kümmern.

Oh Göttin der Gnade, stelle deine Gegenwart über mich, so dass ich von nun an eine lebendige Flamme der Gnade werden möge, wo auch immer ich bin, und dem Schmerz anderer gegenüber empfindsam sowie bereit bin, jenes gnädige und mitfühlende Verständnis aufzubringen.

Mit der aktiven Unterstützung durch die Engel des rubinroten Strahls und Buddhas versiegele ich dieses Gebet im Namen des Vaters, des Sohnes und des Heiligen Geistes sowie der göttlichen Mutter und füge diesem Gebet meine persönlichen Gebete an."

Erinnern Sie sich jedes Mal, wenn Sie in Versuchung geraten, die alte Verletzung, Wunde oder gar den alten Groll wieder aufzugreifen, an das Gebet des heiligen Franziskus und auch daran, dass Sie an den Altar getreten sind und alles Gott übergeben haben. Nehmen Sie es niemals wieder zurück. Bewegen Sie sich frei – frei für die Liebe, frei, 100% Ihrer Energie für die Liebe einzusetzen. Das an sich ist bereits eine sehr gute Eigenschaft.

Das Gebet des heiligen
Franziskus von Assisi

Herr,
mache mich zum Werkzeug deines Friedens,
dass ich Liebe bringe, wo man sich hasst,
dass ich Versöhnung bringe, wo man sich kränkt,
dass ich Einigkeit bringe, wo Zwietracht ist,
dass ich den Glauben bringe, wo Zweifel quält,
dass ich die Hoffnung bringe, wo Verzweiflung
droht,
dass ich die Freude bringe, wo Traurigkeit ist,
dass ich das Licht bringe, wo Finsternis waltet.
O göttlicher Meister,
hilf mir, dass ich nicht danach verlange,
getröstet zu werden, sondern zu trösten,
verstanden zu werden, sondern zu verstehen,
geliebt zu werden, sondern zu lieben.
Denn:
Wer gibt, der empfängt,
wer verzeiht, dem wird verziehen,
wer stirbt, der wird zum ewigen Leben geboren.

Uriels Bedenken zum Thema "Abtreibung"

Das folgende Thema, das Erzengel Uriel anspricht, ist umstritten. Ich teile euch seine Kommentare mit, doch ich weise darauf hin, dass ich durchaus Ihr Recht respektiere, zu jedem Thema eine eigene Position zu beziehen, auch zu diesem Thema.

Die Erzengel sind über die Abtreibung und die karmischen Folgen für die einzelnen Personen und Nationen, die dies akzeptieren, zutiefst bekümmert. Erzengel Uriel hat die Stellungnahme unseres Herrn Jesus Christus zum Thema Abtreibung und Gesetze pro Abtreibung verkündet.

Einmal sagte Uriel voraus: "Die Nation und das Volk, die den Mord des Allmächtigen in sich selbst tolerieren, wird eine Katastrophe erleben. Und keiner kann sagen, wo sie auftreten wird: sei es in einem Frühlingsschneesturm oder in der Wirtschaft, oder aber auch in den Haushalten, wo Zwietracht unter Brüder gesät wird und die Kraft der Trennung herrscht, da das Karma ihres persönlichen Hasses auf den Christus, der in diesen

Babys im Bauch lebt, mitten auf sie herabgekommen ist."

Seit 1973 gab es weltweit zwischen 1 und 1,5 Milliarden Abtreibungen. Im gleichen Zeitraum wurden hier in den Vereinigten Staaten seit der Legalisierung der Abtreibung durch den Obersten Gerichtshof mindestens 36 Millionen Babys abgetrieben. Das bedeutet, dass der göttliche Plan und die Mission dieser Milliarden von Seelen ebenfalls "abgetrieben" wurden. Gott wählt für jede Seele einen ganz besonderen Moment in der Geschichte, an dem sie geboren werden soll, um ihren Lebenssinn in diesem bestimmten Leben zu erfüllen.

Uriel sagte einmal: "Ein Kind Gottes umzubringen ist, wie wenn man Gottes loderndes Potenzial tötet, es ist, als würde man Christus nochmals kreuzigen."

Wenn Sie jemals in Ihrem Leben selbst in eine Abtreibung verwickelt oder diese durchführen haben lassen, können Sie dies ausgleichen, indem Sie Akte der Gnade und lebenserhaltende Maßnahmen vollziehen. Sie können Ihr Karma nicht nur wieder ins Lot bringen, indem Sie mit Gebeten arbeiten, sondern auch, indem Sie Kinder zur Welt bringen, adoptieren oder diese finanziell unterstützen. Sie können Kindern helfen, indem Sie sich an Projekten oder Aktivitäten beteiligen, die deren Unterstützung dienen.

Sie sollten um Gottes Vergebung flehen und daraufhin Ihre Übeltat durch den Dienst am Leben wieder gutmachen.

Sie können das Recht auf Leben der Ungeborenen verteidigen und Informationen darüber verbreiten, was ein Kind während der neun Monate im Mutterleib erlebt. Mein Seminar "Life Begets Life" ("Leben erzeugt Leben") sowie andere Filme zu dieser Thematik, die als Video oder Audiotape verfügbar sind, können Ihnen dabei eine Hilfe sein. Darüber hinaus gibt es öffentlich oder privat produzierte Filme, wie etwa "Der heimliche Schrei" ("The Silent Scream"), "Das Wunder des Lebens" ("The Miracle of Life"), "Ein Fenster in den Mutterleib" ("A Window to the Womb"), und "Eine Seele ist frei" ("A Soul That's Free") – eine rührende Geschichte zum Thema Abtreibung, die von den Schülern unserer Montessori-Schule aufgeführt wurde.

Wir müssen uns wieder darauf besinnen, dass Gott gnädig ist. Und wer an einer Abtreibung

beteiligt war und das Karma seiner Taten nicht ge-
büßt oder ausgeglichen hat, wird das Karma seiner
Taten erhalten. Er wird möglicherweise selbst die
Abtreibung seines göttlichen Plans erleben, damit
er dadurch lernt, was er dem Ungeborenen ange-
tan hat.

Gottes Urteil manifestieren

Ich möchte Ihnen von zwei Begebenheiten be-
richten, anlässlich derer Erzengel Uriel das Urteil
verkündete und wir greifbare Ergebnisse erkennen konnten. Am 29. Dezember 1985 sagte Uriel
im Hinblick auf die hohen Ölpreise, die die OPEC
festgesetzt hatten: "Sie werden keine Hindernisse
bilden, ganz gleich, ob sie Dollars oder Öl oder
Verschwörung oder glückliches Lachen oder eine
Rechtfertigung irgendeiner Art einsetzen. Denn
ihr [er richtete sich damit an die OPEC] seid mit
diesem Tag gebunden! Und der Herr hat mich
gesandt, damit sein Urteil durch die Kraft des
Wortes in der physischen Oktave bleibe und in
eure Herzen Einzug halte, so dass ihr sehen und

erkennen könnt, dass die Erde dem Herrn gehört!"

Innerhalb von zwei Monaten nach Erzengel Uriels Diktat stürzten die Ölpreise um 51% von 27,06 $ auf 13,26 $ pro Barrel. Dies stand in scharfem Kontrast zu dem dramatischen Anstieg der Ölpreise im Zeitraum zwischen 1971 und 1981 um über 1.800% auf einem Markt, der überwiegend von der OPEC beherrscht wurde.

Das Magazin "Newsweek" berichtete am 7. März 1983: "In den letzten zehn Jahren inszenierte die OPEC den größten Geldtransfer der Geschichte. Sie stürzte die Wirtschaft der Industrieländer ins Chaos und brachte einige Nationen der Dritten Welt an den Rand des Ruins. Sie trug zur Absetzung von zwei US-Präsidenten bei und hinterließ tiefe Narben auf der Psyche Amerikas, das so stolz auf seine Selbstsicherheit war."

In eben diesem Diktat von 1985 sagte Uriel auch, dass wir über den Terrorismus richten lassen können, wenn wir die Engel anrufen. Zwei Tage zuvor war eine fünfköpfige Terroristengruppe in den Check-in-Bereich der israelischen Fluggesellschaft "El Al" auf dem Flughafen "Leonardo da

Vinci" in Rom gestürmt. Sie warfen Handgranaten und feuerten mit Maschinenpistolen auf Reisende und Passanten. Minuten später griffen drei Terroristen den Abflugschalter der "El Al"-Fluggesellschaft auf dem Flughafen Schwechat in Wien an. Insgesamt 19 Menschen, darunter 5 Amerikaner (ein elfjähriges Mädchen) wurden getötet. Mehr als 110 weitere Menschen wurden bei diesen brutalen Angriffen verletzt.

In seinem Diktat, das auf diese Ereignisse folgte, sagte Uriel: "Obgleich es keine internationale Lösung für den Terrorismus gibt, verfügt Gott der allmächtige Herr über diese Lösung. Auch stehen Engelsscharen bereit, diese Tag für Tag und Nacht für Nacht zu liefern, wenn ihr die entsprechenden Worte in euren Dekreten sprecht, die dies fordern. Denn hier unten im Königreich der Fußbänke, geliebte Herzen, müsst ihr Gottes Willen, seine Anordnungen und seine heilige Welt gutheißen. Werdet euch bewusst, dass der freie Wille in jedem Bereich der Welt und auf jedem Gebiet politischen und wirtschaftlichen Handelns ausgespielt wird."

Diese zwei besonderen Vorfälle sind ein herrlicher Beweis für die Kraft Gottes, wenn er durch seinen Erzengel spricht, und der Erzengel dieses Wort über die Sendbotin weitervermittelt.

Es ist interessant zu wissen, dass die "Rand Corporation", eine Vereinigung, die seit 1968 den Terrorismus bewertet, feststellt, dass Anschläge durch Terroristen 1987 ihren Höhepunkt erreicht hatten. Seit 1987 nahm der Terrorismus weltweit ab, mit Ausnahme des Terrorismus, der sich im Golfkrieg 1991 abspielte. [8]

Oft empfangen wir Diktate von den Erzengeln, insbesondere von Uriel zu einem Urteilsspruch über eine bestimmte Situation. Er erwartet von uns denn auch, dass wir die Dekrete sprechen, die er jenem Diktat anfügte, um dieses Urteil in der physischen Oktave zu verankern.

Wir können die Aktion des Urteils auch auf unser eigenes Nicht-Selbst anwenden – das Selbst, das das Gegenstück zu unserem Höheren Selbst ist. Wenn Sie Gott darum bitten, über Sie zu urteilen, so kommt sein heiliges Feuer in Ihren Tempel herab – nicht, um Sie zu verletzen, sondern, um das Böse vom Guten zu trennen. Dadurch können Sie Fehler oder schlechte Gewohnheiten als solche erkennen: Sie sind nicht Teil Ihres Wahren Selbst.

Als Diener Gottes muss man wissen, welche Vergehen gegen Gott man in sich birgt, so dass man diese wieder gutmachen und Buße tun kann. Eine sichere, schnelle Methode, um auf dem spirituellen Weg voranzukommen, besteht darin, Uriel darum zu bitten, er möge mit dem zweischneidigen Schwert das Wahre vom Falschen trennen. Wenn Sie dies tun, so füllt sich Ihr gesamter Körper mit Licht, denn dann haben Sie den Teil von Ihnen, der nicht zu Gott gehörte, aufgegeben. Dies ist auch die beste Methode, um alles Unwahre ins heilige Feuer zu werfen.

Erzengel Uriel sagt, Sie können seine Engel jederzeit anrufen und um Kraft bitten, damit Sie eine Aufgabe erfüllen und alle Kräfte bekämpfen können, die Ihrem wahren Selbst, Ihrem inneren Christus, im Wege stehen.

"Meine Engel sind bei mir", sagte Uriel einmal. "Wir bringen euch die zarte Flamme des Dienens, die agile Flamme, die in den Stunden der Versuchung auflodert, in jenen Stunden, da die Finsternis der Nacht euch Angst und Zweifel in euer Bewusstsein bringt."

Die Flamme der Auferstehung

Wenn Sie um das Urteil über Ihr eigenes Nicht-Selbst oder negative Situationen in Ihrem Umfeld bitten, sollten Sie auch Uriel anrufen und um seine Flamme der Auferstehung bitten. Die Flamme der Auferstehung bringt Erneuerung, Wiedergeburt, Verjüngung und Regeneration mit sich, während sie durch die Atome, Zellen und Elektronen Ihres Körpers fließt. Sie können sich die Flamme der Auferstehung so schillernd wie Perlmutt vorstellen.

Erzengel Uriel wird Ihnen beibringen, wie Sie die Flamme der Auferstehung einsetzen können, um all Ihre bewussten und unbewussten Ängste zu besiegen. Uriel sagt, dass Sie alle Ängste bezwingen müssen, um die wahre göttliche Meisterschaft zu erringen. Können Sie sich vorstellen, die Meisterschaft zu besitzen und gleichzeitig Ängste zu haben? Das passt wirklich nicht zusammen! Es widerspricht sich.

"Ich möchte euch Mut zusprechen, euch ein Herz zu fassen", sagt Uriel. "Denn wisst ihr, wenn ihr jeder Angst ins Auge schaut, so müsst nicht ihr sie verschwinden lassen – nein, ich sage, es ist das pulsierende Leben der Flamme der Auferstehung. Wenn es darum geht, die Angst zu besiegen, geht es einfach darum, Gott sein perfektes Werk verrichten zu lassen und, was euch betrifft, einfach loszulassen."

Er hat uns auch eine Übung dafür mitgegeben. "Es gibt eine bestimmte Körperhaltung für das Loslassen", sagte er. "Legt eure Hände übereinander auf euer Herz und löst diese dann, öffnet sie und entspannt sie. Nehmt eure überkreuzten Beine auseinander und atmet ruhig. Sprecht daraufhin zärtlich zu eurer Seele und eurem Körper: 'Frieden, seid still.' Diese Haltung spiegelt die Gelassenheit eines kleinen Kindes wider, das sich im Schoße seiner Mutter sicher fühlt."

Uriel erklärte, dass die Flamme der Auferstehung "wie eine fürsorgliche Mutter" ist, wie das Liebkosen einer Mutter. "Selbst im Tierreich", so sagte er, "werdet ihr beobachten, wie zärtlich die Fürsorge der Mutter ist: wenn sie ihre Jungen ableckt, sie füttert, ihnen etwas beibringt, ihnen etwas zeigt und sie schließlich auf das Leben und die Unabhängigkeit vorbereitet. Da jedes Lebewesen diese Art der Fürsorge zeigt, vertraut einfach auf die Mutterflamme im Herzen des Lichts der Auferstehung, um euch aller Zweifel und Ängste zu entledigen. Haltet jeden Tag einen Augenblick inne, um euch zu erholen, um Körper, Geist und Seele zu entspannen, um bewusst jeden Teil des Ganzen zu entspannen. Lasst in solchen Augenblicken der Sorglosigkeit, in welchen Gott alle Fürsorge allein aufbringt, los. Seht, wie all der Schutt des Zweifels und der Angst Feuer um Feuer verwandelt wird, und ihr werdet die Freude des Selbstvertrauens und der Selbstachtung erfahren."

Sie können das folgende Mantra rezitieren, um speziell alle Zweifel und Ängste verzehren zu lassen. Sie können die erwähnte Handgeste ausprobieren: Legen Sie eine Hand über die andere auf Ihr Herz. Lassen Sie dann beide Hände los und übergeben Sie die Ängste an Gott. Visualisieren Sie nun die Flamme der Auferstehung um sich herum, in den schillernden Farben von Perlmutt. Sprechen Sie nun zur Flamme, denn die Flamme ist die Gegenwart Gottes.

Beloved Flame of Resurrection

Beloved Flame of Resurrection,
Blaze through me thy Light always;
Beloved Flame, resuscitation,
Make my heart to sing thy praise.
O blazing white Christ radiance
Of God's own I AM fire,
Expand thy blessed Purity
And free me from all wrong desire.
Beloved Flame of Resurrection,
Rise and rise to Love's great height;
Blessed Flame, regeneration,
Guide all men by thy great Light.
I AM, I AM, I AM thy chalice free
Through whose crystal substance clear
All can see the Christ flame lily
Of eternity appear
Blazing, blazing, blazing!
(3x)

Geliebte Flamme der Auferstehung

Geliebte Flamme der Auferstehung,
lasse dein Licht stets durch mich strömen.
Geliebte Flamme, Wiederbelebung,
lass' mein Herz dein Loblied singen.
Oh gleißend weiße Christus-Strahlung
von Gottes eigenem ICH BIN-Feuer,
verbreite deine gesegnete Reinheit
und befreie mich von allen falschen Begierden.
Geliebte Flamme der Auferstehung,
steig' auf, steig' auf zur gewaltigen Größe der
Liebe.
Gesegnete Flamme, Regeneration,
führe alle Menschen mit deinem großen Licht.
ICH BIN, ICH BIN, ICH BIN dein offener
Kelch,
durch dessen klare, kristallene Flüssigkeit
jeder die Lilie der Christusflamme der Ewigkeit
erscheinen sehen kann,
die strahlt, strahlt, strahlt!
(Dreimal wiederholen.)

Erzengel Uriel hat jedem von uns einen Engel aus seiner Schar geschenkt, der mit uns arbeitet und uns hilft, die wahre, gerechte Beurteilung unserer Seelen und Angelegenheiten zu erfahren. Dieser Engel wird uns helfen, die Kraft der Flamme der Auferstehung in unserem persönlichen Leben und in den Städten zu erleben. Rufen Sie Erzengel Uriel an, und bitten Sie ihn, jedes Problem in Ihrer Stadt zu lösen.

Vielleicht möchten Sie ein Gebet nach folgendem Muster sprechen, um auszudrücken, dass Sie Uriels Geschenk annehmen:

Anrufung:

"Ich rufe dich an, Erzengel Uriel. Schicke mir den Engel aus deiner Schar, den du als meinen Helfer des sechsten Strahles ernannt und bestimmt hast. Ich bitte darum und nehme es in diesem Augenblick als gegeben an. Ich gebe dir jetzt mit diesem tiefen Gebet meine persönliche Zustimmung. Ich bin dankbar dafür, dass du mir einen deiner Engel an meiner Seite schenkst."

Uriel sagt auch, dass Sie, um diesen Engel zu erhalten, es mit folgender Affirmation bestätigen müssen:

"Im Namen des ICH BIN DER ICH BIN und im Namen von Erzengel Uriel nehme ich den Engel der Auferstehung an, wo ICH BIN!" Er sagt, Sie können diese Affirmation immer wieder wiederholen, wenn Sie mit den Scharen des sechsten Strahles arbeiten.

Wir sollten Erzengel Uriel anrufen, um die Dämonen zu binden und auszutreiben, die die Schrecken der Kriminalität, der Armut und der falschen Bildung ständig weiterverbreiten. Nachdem Sie dann ihn und seine Engelsscharen angerufen haben, damit er Gottes Urteil über die Kräfte des Bösen verkündet, bitten Sie um die Reinigung der Städte durch die violette Flamme und die Flamme der Auferstehung.

"Erkennt", sagt Uriel, "dass diese Macht der Flamme der Auferstehung, des Engels der Auferstehung und meines Herzens dazu dient, die folgende doppelte Mission zu erfüllen: das Nicht-Selbst zu binden, wo auch immer es im Inneren oder im Außen auftritt, sowie das Karma der

Städte und die fehlgesteuerte Energie der Menschen zu verwandeln, so dass dieser gereinigte Ort niemals, niemals, niemals mehr mit einer anderen Energie durch den Menschen belegt werden möge."

Erzengelin Aurora erklärt uns: "Sprecht einfach meinen Namen und bittet mich darum, eure familiären und schulischen Probleme zu lösen. Ladet mich in euer Zuhause ein, und ihr werdet den weiblichen Aspekt von Uriels Gegenwart erfahren, der den Frieden befiehlt. Unsere Lösungen kommen dem zugute, der es wagt, einen offenen Stromkreis zu unseren Herzen aufrechtzuerhalten."

Es erfordert Wagemut, denn wenn Sie Ihr Herz öffnen und den Stromkreis Ihres Herzens für Uriel öffnen, so bedeutet dies, dass er die Kraft der Auferstehung durch Sie hindurchfließen lässt. Es kann Ihrer Reinigung und Klärung dienen, doch es bereitet auch Ihren Sieg vor.

"Wir sind die Diener Gottes, der in euch wohnt", sagt Aurora. "Wir sind bereit, Wunder Gottes als Antwort auf eure Hilferufe auf euch niederregnen zu lassen."

Sophy Burnham erzählt in ihrem "Buch von Engeln" ("Book of Angels") von einer Frau, deren

94

kleine Tochter auf wundersame Weise von Engeln gerettet wurde. Sie sagt, dass die Familie gerade in den Bergen von Colorado picknickte und die Kinder unten an einem Fluss waren, als ihre kleine Tochter den Halt verlor und ins Wasser stürzte. "Wir hörten unseren Sohn schreien", sagte die Frau. "Wir drehten uns um und mussten mit ansehen, wie unsere Tochter in die Kanalröhre hineingezogen wurde." Das Kind befand sich mit dem Gesicht nach unten im Wasser und klammerte sich am Rand fest, als der Vater es herauszog. "Auf dem Heimweg hielt ich sie im Arm und sagte ihr, wie stolz ich war, dass sie durchgehalten hatte und wie stark sie war. Sie schaute mich an und sagte: 'Aber Mami, da waren drei kleine Engel, die mir geholfen haben. Sie sagten, dass ich mich festhalten soll, und ich fühlte mich ganz stark.'" [9)]

Verwandeln Sie Selbstvorwürfe und Wut in Vergebung!

Erzengel Uriel rät Ihnen, sich auf eine einzige Problemsituation in Ihrem Leben zu konzentrieren, mit der Sie vielleicht schon sehr lange gerungen haben.

"Um welchen Kampf es sich auch immer handelt", sagt er, "ob es sich um Unersättlichkeit oder Habgier handelt (oder um etwas, das nur dir und mir in der Privatsphäre deines eigenen Herzens bekannt ist), befreie dich zuerst von allen Selbstvorwürfen wegen dieses Zustandes."

Das ist so ausgesprochen wichtig. Wenn Sie sich zum Herzen Gottes begeben, um wieder ganz zu werden, um Vergebung zu empfangen, sollten Sie wissen, dass Gott Sie nicht verurteilt. Verurteilen Sie sich daher nicht selbst. Lassen Sie es nicht zu, dass gefallene Engel Sie verurteilen und mit diesem Urteil foltern. Jesus Christus, Gautama Buddha, die Engel Gottes - kein Teil Gottes verurteilt Sie. Es gibt nur eine Quelle für Verurteilung, und diese Quelle der Verurteilung ist die Hölle selbst. Nur gefallene Engel verurteilen andere - und besonders Sie selbst verurteilen sich.

Sie brauchen Gott niemals zu fürchten, denn Gott ist nicht dazu da, Sie zu verurteilen oder zu kritisieren, sondern, um Sie zu erhöhen und zu lehren. Sie mögen manches als Strafe empfinden, doch es ist in Wahrheit Liebe, keine Verurteilung. Vielleicht weist Ihnen diese vermeintliche Strafe, die für Sie schwer zu tragen ist, den Weg nach Hause, indem Sie damit Ihr Karma abtragen können oder einfach an Ihre Schwachstellen erinnert werden. Auch das ist keine Verurteilung. Auch das ist Liebe, die es Ihnen ermöglicht, die Fehler, die Sie begangen haben, und die Dinge, die Sie falsch gemacht haben, zu bereinigen. Verurteilung jedoch kommt nur von einer einzigen Seite – lassen Sie dies einfach nicht zu!

Kürzlich fragte mich jemand: "Gibt es eigentlich irgendeine Berechtigung für Wut?" Ich sagte: "Nein, es gibt für keinerlei Wut irgendeine Rechtfertigung."

Vielleicht spüren Sie die weiße, glühende Hitze des Feuers Gottes in Ihnen – das reine, weiße Licht, das an bestimmten Handlungen Anstoß nimmt, doch das ist nicht Wut.

Wut ist eine Kraft, die mitten aus der Hölle stammt. Sie sollten niemals zulassen, dass diese sich durch Ihre Person Ausdruck verleiht. Bringen Sie keinem Teil des Lebens gegenüber Wut zum Ausdruck, weil Sie es gerechtfertigt finden, da so

etwas Schreckliches, Fürchterliches getan wurde.
Denken Sie daran: "Rache ist mein, spricht der
Herr. Ich werde es vergelten."

Lassen Sie es nicht zu, dass der Tempel Ihres
Körpers, den Sie jedes Mal durch Ihre Dekrete und
Gebete heiligen, von einer unbewussten Wut be-
fleckt wird, die in einem Moment zum Ausbruch
kommt, in dem Sie mit einem schwierigen Aspekt
in Ihrer Astrologie oder Psychologie beschäftigt
sind. Bitte vergessen Sie das nicht. Denn indem
Sie sich selbst oder andere verurteilen, kritisieren
und Wut dagegen zum Ausdruck bringen, laden
Sie sich großes Karma auf.

Das Erste, worum Uriel Sie also in Bezug auf
das Problem bittet, mit dem Sie vielleicht schon
so lange ringen, ist, sich von allen Selbstvorwürfen im Hinblick auf dieses Problem zu befreien.
Zweitens: "Seht euch selbst in eurer großen göttlichen Realität, so groß wie das Leben, erfüllt vom
Heiligen Geist, und seht dieses Problem etwa zwei
Zentimeter groß", sagt er. "Spürt die Macht Gottes, die in euch steckt!"

Drittens: "Formt und festigt in eurem Herzen,
in eurem Wunschdenken und mit eurem Willen

den Entschluss, der es ermöglicht, dass das 'Fiat' mit dem gesprochenen Wort von eurem Herzen ausgehen möge", sagt Uriel. Und dies ist das "Fiat", das Uriel Ihnen gibt: "Oh mein Gott, ich werde den Sieg über diese Bestie meines niederen Selbst erringen!"

Viertens sagt Erzengel Uriel: "Unterdrückt nicht eure negativen Seiten, sondern lenkt sie in die violette Flamme." Visualisieren Sie einen wundervollen Fluss, wie einen Strom der violetten Flamme, der rasch vor Ihnen dahinfließt. Holen Sie dann einfach Ihre negativen Seiten heraus, und schauen Sie zu, wie diese in der violetten Flamme stromabwärts mit fortgenommen werden. Lassen Sie diese einfach in dem Moment, da Sie die violette Flamme anrufen, in den Fluss hineingleiten.

Vor ein paar Tagen meditierte ich mit dem Gesicht nach unten – ich lag einfach auf dem Bauch und meditierte – und beschloss, dass es für mich in diesem Augenblick die beste Art der Entspannung wäre, wenn ich mir vorstellte, ich befände mich im freien Fall – und ich fiel einfach wieder in die Arme Gottes. Ich ließ also los und fühlte mich völlig frei und absolut entspannt. Ich entspannte mich von Kopf bis Fuß und spürte einfach, wie ich sanft nach unten fiel.

Raten Sie einmal, wo ich nach einigen Minuten landete! Es war ein absolut wundervolles Erlebnis. Nun, ich landete in der Tat in einem See aus violetten Flammen im Herzen der Erde. Es war der herrlichste, wundervollste See, den ich jemals gesehen hatte. Er war ganz violett und purpurfarben und war von aquamarinblauen und grünen Streifen durchzogen. Er hatte die ideale Temperatur. Es herrschte perfekte Harmonie, und es war der wundervollste See, von dem Sie jemals träumen können.

Das ist also eine wundervolle Möglichkeit, um sich zu entspannen. Versuchen Sie dies manchmal, wenn Sie richtig müde sind und sich gar nicht mehr irgendwohin bewegen können, zehn bis fünfzehn Minuten lang. Das ist auch eine Möglichkeit, um Ihre negativen Seiten nicht zu unterdrücken, sondern diese in die violette Flamme hineinzugeben.

Uriel sagt: "Die Verwandlung folgt ihrer eigenen Logik. Wenn ihr euch verwandeln wollt, müsst ihr auch die niedere Begierde anpassen und mit einer höheren Sehnsucht austauschen."

Das heißt, Sie müssen die Dinge wählen, die Sie in diesem Leben wirklich bewerkstelligen können. Tauschen Sie Ihre niederen Wünsche gegen höhere Ziele aus, von welchen Sie wissen, dass Sie sie erlangen können und wollen.

"Ersetzt also Aktivitäten und Begierden mit neuen Aktivitäten, mit neuen Sehnsüchten, neuer Freude, neuen Interaktionen und neuen Freunden des Lichts", fährt Uriel fort. "Unternehmt Aktionen der Vereinigung, bei welchen ihr euch mit anderen im Kampf um die Freiheit für diejenigen zusammenschließt, die eure Hilfe direkt vor eurer Haustüre in eurer eigenen Stadt brauchen. Lasst diese Vereinigung um einer Sache willen die früheren zügellosen Aktivitäten ersetzen. Ihr werdet feststellen, dass ihr so damit beschäftigt seid, anderen zu helfen, und solchen Spaß daran findet, eure Energie in dieses neue, vergnügliche Unterfangen zu lenken, dass ihr nicht mehr in alte, negative Muster zurückfallt, wenn unterdrückte Emotionen wieder einmal auf der Oberfläche eures Bewusstseins explodieren.

Anstatt euch durch die Rückkehr jener alten Gewohnheit geschlagen zu geben, werdet ihr göttliche

Sieger sein, da ihr eine vom eisernen Willen getroffene Entscheidung in eurem Herzen konzentriert habt. Gute Gewohnheiten sind die Kleider, die die Heiligen tragen. Schlechte Gewohnheiten sind Kräfte der Zügellosigkeit, die die Chakren verdunkeln. Lenkt den Strom wieder um, dreht den Abwärtsstrom eurer Kräfte wieder um und baut ein neues Flussbett, das euren Lebensfluss dorthin lenkt, wo ihr ihn wünscht – und dorthin, wo ihr euer Leben hinlenken wollt. Lasst nicht einen anderen die Bedingungen eures Lebens diktieren. Ihr lenkt euer Leben genau in die Richtung, die ihr wünscht.

Es erfordert also Bemühen, freudiges Bemühen", fährt Uriel fort, "jedoch kein Märtyrertum, um eure unedlen Metalle in Gold zu verwandeln, Missetaten und Fehler zu büßen und die niedere Begierde gegen die höhere Sehnsucht auszutauschen. Wir sind hier, um euch zu helfen. Ihr könnt uns einfach rufen, und wir werden es euch beweisen."

Uriels fünfter Schlüssel:
Bringt eurer Gegenwart Gottes täglich Verehrung entgegen

Der fünfte Schlüssel, den Uriel lehrt, um Veränderungen herbeizuführen, besteht darin, jeden Tag Ihrer Gegenwart Gottes Verehrung entgegenzubringen. Erzengel Uriel und seine Engel haben versprochen, Ihnen zu helfen, während Sie den Weg zurück zum Herzen Gottes gehen. Und ich bin hier, um Ihnen zu sagen, dass sie ihre Versprechen halten und es nicht unterlassen werden, auf Ihren Ruf zu antworten. Testen Sie sie einfach!

Uriel hat gesagt: "Ich habe nur eine Bitte an euch, damit wir euch besser dienen können: Fasst in euren Herzen den Beschluss, nicht einen Tag verstreichen zu lassen, an dem ihr nicht an eure mächtige Gegenwart Gottes denkt und diesem mächtigen Quell des Lebens eure Verehrung, eure Ehrerbietung und eure Dienste anbietet. Denn diese Gegenwart Gottes befähigt uns, die Dunkelheit zu durchdringen, die euch umgibt, und auf eure Ebene herabzusteigen und an eurer Seite zu gehen. Euch befähigt sie, auf unsere Ebene emporzukommen und in unserer Gegenwart zu sein. Durch diesen gegenseitigen Dienst, diese kosmische Kooperation können wir vorankommen.

Die Gegenwart Gottes ist unfehlbar! Wenn ihr euch einfach mit dieser mächtigen Kraft, dieser mächtigen Gotteskraft, verbündet, kann es keine Trennung mehr zwischen euch und eurem Gott, zwischen euch und den Erzengeln geben. Denn es ist die Trennung von der Realität Gottes, die euch zu Fall bringt.

Es ist Trennung, die euch in Zweifel bringt. Es ist Trennung, die euch ängstlich macht. Und ich sage euch: Trennung ist eine Lüge. Sie hat im Geist und im Herzen Gottes niemals existiert, und sie wird auch nicht in euch existieren, wenn ihr nur meinen Worten am heutigen Tag Beachtung schenkt und den mächtigen Lichtregen entgegennehmt, den ich euch schenke!

Nehmt ihn entgegen und werdet eins mit eurer Gegenwart Gottes! Wandelt als Christus über diese Erde. Legt die alten Kleider ab! Legt sie ab und werdet in der mächtigen, verwandelnden Flamme des Lebens verwandelt! Der gesamte Himmel konzentriert sich auf den einen Sohn bzw. die eine

Tochter des Lichts, der/die beschließt, seinen oder ihren Sieg zu manifestieren. Der ganze Himmel steigt herab, um diesem einen die volle Schwungkraft des Lichts zu verleihen. Es erfordert lediglich diesen Entschluss, den ihr zuerst in eurem Herzen, mit eurem Wunschdenken und eurer Willenskraft fassen und festigen müsst."

Ich bin nun mit meinen Notizen zu diesem geliebten Engel am Ende angelangt. Ich hoffe, Sie haben durch meine Mitteilungen Erzengel Uriel bis in die Tiefen Ihres Seins jetzt so gut kennen gelernt, dass Sie ihn zum Bestandteil Ihres Lebens machen und ihn täglich um seine Hilfe anrufen.

Die fünf Schlüssel, die Ihnen helfen, persönliche und globale Veränderungen herbeizuführen – von Erzengel Uriel:

1. Ruft die sieben Erzengel an, damit diese eure spirituellen Zentren – oder Chakren – mit dem Licht des universellen Christus anfüllen.

2. Setzt die violette Flamme täglich und großzügig ein.

3. Verstärkt die Flamme des Friedens in eurer Aura.

4. Ruft Gottes Gericht und Auferstehung an.

5. Bringt eurer Gegenwart Gottes täglich Verehrung entgegen.

Anmerkungen

1) "Das Beste und Schlimmste überhaupt", Parade Magazin, 5. Januar 1985, S. 4. Nachdruck mit freundlicher Genehmigung durch 'Parade', Copyright © 1984.

2) 2. Könige 19, 35

3) James H. Charlesworth, Herausgeber, "The Old Testament Pseudepigrapha", 2. Band ("Die vermeintlichen Apokryphen des Alten Testaments"), Garden City, New York, Doubleday & Company, 1983, 1, S. 350f.

4) Chris Merkel, "Cave-in!" ("Eingestürzt!"), Guideposts, Februar 1993, S. 25-27.

5) Ihre dreifaltige Flamme ist im wahrsten Sinne des Wortes ein Funke direkt aus dem Herzen Gottes. Er sitzt in der Geheimkammer Ihres Herzens.

6) Römer 12, 19-21

7) Dies ist die Wirkung des Rettichs gemäß der Theorie und der Philosophie der makrobiotischen Diät.

8) Dieser Vortrag wurde 1993 gehalten. Seitdem ist ein drastischer Anstieg der terroristischen Angriffe überall auf der Welt zu verzeichnen. Erzengel Uriel hilft uns, Veränderungen herbeizuführen. Wir können ihn anrufen und um göttliche Lösungen für die Situationen auf unserem Planeten und um Frieden zu bitten.

9) Sophy Burnham, "Ein Buch von Engeln" ("A Book of Angels"), New York, Ballantine Books, 1990, S. 43f.

Die Autorin

ELIZABETH CLARE PROPHET ist
eine weltbekannte Autorin. Zu ihren po-
pulärsten Werken gehören "Your Seven
Energy Centers: A Holistic Approach to
Physical, Emotional and Spiritual Vita-
lity" und eine Reihe von Taschenfüh-
rern zu "Praktischer Spiritualität". Ihre
bahnbrechenden Bestseller sind "Saint
Germain's Prophecy for the New Mille-
nium", "The Lost Years of Jesus: Documentary Evidence of
Jesus' 17-Year Journey to the East" und "Reincarnation: The
Missing Link in Christianity".

Elizabeth Clare Prophet ist eine Pionierin in Techniken an-
gewandter Spiritualität. Ihre Arbeiten ermittelten überdies die
kreative Kraft des Klangs für die Entfaltung unserer Persön-
lichkeit und den Wandel der Welt. Seit den 60er-Jahren hält
sie Seminare und leitet Arbeitsgruppen in aller Welt zu den
verschiedensten spirituellen Themen: Dazu gehören Engel, Au-
ren, Seelenpartner, Prophezeiungen, spirituelle Psychologie,
Wiedergeburt und die mystischen Pfade der Weltreligionen.

INFORMATION: Für weitere Informationen zu Büchern, Kassetten, CDs in
englischer Sprache und Seminaren zu den spirituellen Techniken dieses Bu-
ches wenden Sie sich bitte an:
Summit University Press · 63 Summit Way, Gardiner, Montana 59030
Tel.: 406-848-9500 – Fax: 406-848-9555
http://www.summituniversitypress.com
E-mail: info@summituniversitypress.com

Elizabeth Clare Prophet
Erzengel Gabriel

Die amerikanische Bestsellerautorin Elizabeth C. Prophet gibt Ihnen in ihrem neues-
ten Buch das Rüstzeug an die Hand, um
mit Erzengel Gabriel arbeiten zu können,
damit dieser Ihnen wieder Freude, Hoffnung
und kraftvolle Energie schenken kann, indem er Ihnen hilft, Ihre Wünsche zu bestim-
men, sich in schwierigen Situationen zu
entscheiden, sich aus destruktiven Energien zu befreien, Ihr in-
neres Kind zu heilen, oder er leitet Sie auch sicher aus Hoffnungs-
losigkeit, Depressionen und Trübsal. – Alles, was Sie dafür tun
müssen, ist, den Engel zu rufen und ihn um Hilfe zu bitten…

128 Seiten, broschiert
€ [D] 6,95
ISBN 978-3-89845-207-6

Elizabeth Clare Prophet
Erzengel Raphael

Elisabeth Clare Prophet schildert in diesem
Band unserer Erzengelreihe in beeindru-
ckender Weise Erzengel Raphaels segens-
reiches und beschützendes Eingreifen in
bedrohlichen Situationen.
Zudem stellt sie Übungen vor, um das Bewusstsein des Lesers zu öffnen und ihn
einzustimmen auf diesen lichtvollen Erzen-
gel. – Ein Meisterwerk, das wahrhaft Türen in die strahlenden
Lichtreiche der großen Erzengel öffnet!

128 Seiten, broschiert
€ [D] 6,95
ISBN 978-3-89845-172-7

144 Seiten, broschiert
€ [D] 6,95
ISBN 978-3-89845-147-5

Elizabeth Clare Prophet
Erzengel Michael

Erzengel Michael gilt seit jeher als der größte und meistverehrteste Engel in den jüdischen, christlichen und islamischen Schriften und Traditionen. Er ist der Engel der Natur, der den Menschen Nahrung und Wissen bringt. Er ist der „Engel des Herrn", der Engel der Gegenwart Gottes. E. C. Prophet schlüsselt – basierend auf Bibeltexten wie auch auf Tatsachenberichten – die Bedeutung des Erzengels auf, die er sowohl für jeden einzelnen hat als auch für die gesamte Menschheit. Er erinnert uns gerade in der heutigen Zeit, in der es recht dunkel ist auf der Erde, daran, die Verbindung zu unseren himmlischen Helfern nicht zu kappen. Denn: „Es gibt eine Welt des Lichts, die die Welt der Dunkelheit überlagert, und alles, was ihr tun müsst, ist, euch nach dem Licht auszustrecken ..."

128 Seiten, broschiert
€ [D] 6,95
ISBN 978-3-89845-171-0

Elizabeth Clare Prophet
Mantras des Westens

Die Wissenschaft weiß nicht, warum oder wie es funktioniert. Doch immer mehr Studien weisen darauf hin: Beten funktioniert! Auf ihre einfache und eindrucksvolle Art führt die amerikanische Bestseller-Autorin die Macht des Wortes in all seinen Nuancen vor, wobei ihre Fallbeispiele jeden noch so skeptischen Leser von der Wirksamkeit des gesprochenen Wortes überzeugen müssen ...

Elizabeth Clare Prophet
Mit Engeln arbeiten

Dieses Buch bringt einem bei, wie man mit Engeln Freundschaft schließt, sodass diese bereit sind, ihre Hilfe uns zukommen zu lassen. Denn wir haben sie um ihre Hilfe zu bitten. Erst dann dürfen sie uns helfend zur Seite stehen. Hier werden die praktischen Schritte in einem Zehn-Punkte-Programm aufgezeigt, wie man sich mit ihnen in Verbindung setzt, sich weiterhin ihrer Hilfe vergewissert und in Zusammenarbeit mit ihnen viel Gutes für sich und andere bewirkt.

Dieses Büchlein ist nicht nur ein Ratgeber, sondern vor allem eine praktische Anleitung, seinem Leben mit Hilfe der Engel eine höhere Qualität zu geben.

128 Seiten, broschiert
€ [D] 6,95
ISBN 978-3-89845-049-2

Elizabeth C. Prophet / P. R. Spadaro
Praktische Spiritualität
Medizin für die Seele

Knüpfen Sie ein enges Band zu Ihrem Geist – dieser Ratgeber für den Alltag zeigt Ihnen in praktischen Schritten, wie Sie inmitten der Wirren und der Hektik des Alltags in Resonanz mit Ihrem Geist bleiben können, wie Sie auf die ruhige, sanfte Stimme in Ihrem Innern zu hören lernen und wie Sie am besten im Hier und Jetzt leben. Zusätzlich bietet er kreative Techniken, die Sie einsetzen können, um sich und Ihr Umfeld auf eine höhere Ebene zu heben.

176 Seiten, broschiert
€ [D] 6,95
ISBN 978-3-89845-206-9

Elizabeth C. Prophet / P. R. Spadaro

CHAKREN –
Deine 7 Energiezentren

272 Seiten, broschiert
€ [D] 6,95
ISBN 978-3-89845-107-9

Dieses Buch vermittelt – basierend auf der Lehre vom feinstofflichen Energiesystem unseres Körpers – kraftvolle Einsichten und Werkzeuge, um wieder heil und ganz zu werden. Quelle dieses Wissens sind verschiedenste spirituelle Traditionen, die uns anleiten, wie wir unsere Seele über die sieben Schritte des persönlichen Wachstums voranbringen können. Dieses Werk beinhaltet darüber hinaus ganzheitliche Techniken zur Wiederherstellung der energetischen Balance unseres Körpers – angefangen bei Homöopathie über Vitamine und Heilbäder bis hin zur Arbeit mit Meditationen, Affirmationen und Visualisierungen.

Elizabeth Clare Prophet

Seelenpartner &
Zwillingsseelen

Die spirituelle Dimension der Liebe und unserer Beziehungen

176 Seiten, broschiert
€ [D] 6,95
ISBN 978-3-89845-126-0

„Seelenpartner und Zwillingsseelen" enthüllt mit Wärme und Weisheit die spirituelle Dimension von Beziehungen und zeigt neue Wege auf, um zu Ganzheit und wahrer Liebe zu finden. Sie lernen viel Wissenswertes über Seelenpartner, Duale und karmische Partner, und man beginnt zu verstehen, weshalb man gerade bestimmte Liebschaften in sein Leben zieht – sogar, warum selbst die schwierigste Beziehung geradezu ein Sprungbrett zur perfekten Liebe sein kann.

Elizabeth C. Prophet & P. R. Spadaro
Karma in der Praxis
– Die Zukunft gestalten

Der dritte Band, »Karma in der Praxis – die Zukunft gestalten«, behandelt anschaulich die Themen Karma und Reinkarnation. Denn wir sind alle schon einmal hier gewesen …

288 Seiten, broschiert
€ [D] 6,95
ISBN 978-3-89845-060-7

Dieses Buch zeigt dem Leser anhand von praktischen Beispielen, wie Aktionen aus seinem früheren Leben mit seinem heutigen Leben zusammenhängen. Er lernt aber auch viel über Gruppenkarma und erfährt, was die großen Lehrer der westlichen und östlichen Welt, wie z. B. Jesus und Konfuzius, über Karma und Reinkarnation lehrten. Doch vor allem lernt der Leser, wie er karmische Begegnungen als große Chancen für seine Zukunft zu nutzen vermag.

Elizabeth Clare Prophet
Die Violette Flamme
Heilung für Körper, Geist & Seele

Die Violette Flamme ist ein Licht, das allen Lebensformen dient und ihnen Achtung und Würde verleiht. Sie ist ein Mittel, sich untereinander zu verbinden und eine Form spiritueller Energie. Sie ist das Attribut des geheimnisvollen Grafen St. Germain, dessen Botschaften E. C. Prophet unter anderem

128 Seiten, broschiert,
€ [D] 6,95
ISBN 978-3-89845-089-8

channelt. Heiler und Alchemisten in aller Welt nutzen diese hochfrequente Energie, um Harmonie und Frieden in diese Zeit des spektakulären Übergangs in ein neues Bewusstsein zu bringen.

Jetzt NEU!

Seminare bei Silberschnur

Weitere Informationen erhalten Sie unter
www.silberschnur.de/seminare